Reisetagebuch

**Mit
Bus und Bahn*
einmal quer durch Asien**

**Hamburg-Moskau-Peking
Saigon-Bangkok**

Hermann Dünhölter

Books on Demand

*ausgenommen
Berlin – Moskau per Flugzeug
Chau Doc – Phnom Phen per Boot

© Hermann Dünhölter

ISBN   9783738623246

Ausgabe 2014

2. Auflage Juli 2015

Herstellung und Verlag

BoD - Books on Demand

Norderstedt

Reisebeginn

Samstag, 24.10.09
Dammtorbahnhof 8:00 Uhr. Ich stieg in einen ICE und fuhr nach Berlin, die Reise hatte begonnen. In den letzten Wochen gab es eine Menge Dinge zu erledigen, bis es soweit kommen konnte. Da waren die Visa zu beantragen, die Reservierungen nach langer  Recherche zu tätigen, Bildbände zu sichten, Reiseführer zu durchforsten, im Internet zu forschen und Informationen zu sammeln, all das, um die Unsicherheit vor dem ungewissen Neuen etwas zu bändigen.

Eigentlich ist diese Landreise für mich genauso Furcht einflößend wie eine lange Seereise. Der Sicherheit, sich auf festem Boden zu bewegen, steht die Unsicherheit gegenüber, nicht zu wissen, welche Umstände man vor Ort antrifft. Auf See nimmt man ein kleines Stück Zuhause in Form einer gemütlichen Koje mit auf den Weg und hat dafür das Risiko von schwerem Wetter. An

Land ist man den Umständen einer fremden Umgebung ausgesetzt. Da muss man sich verlassen auf Intuition und Vertrauen in die Menschen, denen man begegnet.

Schon im Sommer vor meinem Segeltörn hatte ich versucht, meine Wohnung auf Zeit zu vermieten. Diesmal hat es geklappt. In den kommenden Wochen findet bei mir zuhause Homesitting statt. Das wirkt sich nebenbei außerordentlich positiv auf meine Reisekasse aus. Daher musste ich noch auf den letzten Drücker alle meine privaten Sachen im Arbeitszimmer verstauen. Erstaunlich, was man alles so in den hintersten Ecken wiederfindet!

Den Wunsch nach einer Fernreise hege ich schon so lange ich denken kann. Als Student heuerte ich in den Semesterferien für zwei sog. große Fahrten auf einem Frachter an und kam dadurch an die Ostküste der USA sowie nach Mexiko. Damals blieben die Stückgut-Frachter auch einige Zeit in den Häfen und machten Landgänge möglich. Nach dem Studium verbrachte ich ein halbes Jahr auf eigene Faust in den USA. Ich kaufte mir einen Kombi und fuhr damit einmal zur Westküste und wieder zurück. Und Anfang der 80er Jahre unternahm ich eine Fahrt mit einem VW-Bus durch Nordafrika, Marokko, Algerien, Tunesien. Seitdem ergab sich keine Gelegenheit mehr, bis jetzt. Nach eigenem Tempo und ohne vorgegebenes Programm durch fremde Länder zu touren, das bedeutet für mich Reisen im eigentlichen Sinn. Ich möchte mir das Gefühl von Entfernung bewahren. Die Langsamkeit des Vorankommens kann nicht nur Qual, sondern überaus beglückende Erfahrung bedeuten. Es ist in jedem Fall ein Gegenpol zur allseits um sich greifenden Instant-Kultur. Für erschreckend viele Menschen muss alles unbedingt sofort zur Verfügung stehen, geduldiges Warten und Gewähren-Lassen ist nicht mehr en vogue. Ich liebe es zu meditieren, ich liebe es, beim Kochen frische Lebensmittel zu verarbeiten - das zwingt zu täglichem Einkauf - und ihnen Zeit zu geben zu garen, ich liebe es, stundenlang auf See den Wassergeräuschen zu lauschen, ich liebe ausgedehnte Spaziergänge...

Nun gut, bevor ich mich im Zug eingerichtet hatte, erklang aus dem Lautsprecher bereits: ´In wenigen Minuten erreichen wir Berlin Spandau´, nach gerade einmal 1 Stunde und 40 Minuten Fahrzeit - unglaublich! Das war eine sehr angenehme Fahrt. Ich suchte die Unterkunft auf, die ich im Internet gebucht hatte und begab mich auf einen langen Stadtbummel, kaufte noch Ohrstöpsel und ein Essbesteck für den Fall der Fälle. Immer, wenn ich in Abständen von einigen Jahren nach Berlin komme, bin ich erstaunt, wie rasant sich diese Stadt entwickelt und zunehmend das Flair einer wirklichen

Metropole ausstrahlt. Skurrile Typen, gestylte Models, bettelnde Krüppel, Bierflaschen suchende Mülltonnen-Sammler, eine Montagsdemo der MLPD (marxistisch-leninistische Partei) an einem Samstag!!!, Kaffeehäuser, trendige Geschäfte, pulsierendes Leben überall; hat Spaß gemacht, kurzweilige Stunden.

Moskau

Sonntag, 25.10.09

Recht früh musste ich mich auf den Weg zum Flughafen Tegel aufmachen, um rechtzeitig einzuchecken. In der S-Bahn fuhr eine geraume Strecke ein diskret in Dunkel gekleideter Mann mit Reisetasche, den ich nach der Verbindung zum Flughafen fragte. Wir kamen ins Gespräch, und ich erzählte von meinen Reiseplänen und warum ich Flugzeuge nur ungern benutze. Platsch machte es - ich war so richtig ins Fettnäpfchen getreten, er war Pilot auf seinem Weg zur Arbeit.

Der Flug nach Moskau dauerte gut 2 Stunden, Gepäck vom Band geholt, durch die Passkontrolle gegangen und schon erwartete mich am Ausgang die Schwester von Gleb, meinem Mitsegler im Sommer. Das war ein sehr schöner Moment, hier in der Fremde anzukommen und einen Menschen zu treffen, mit dem man doch irgendwie vertraut ist. Denn vom Hörensagen kannten wir einander ja bereits. Wir fuhren mit der Bahn nach Moskau hinein, und da es schon zu spät war für einen Zwischenstopp in ihrer Wohnung, ging es mit meiner Rollen bestückten Reisetasche durch das Stadtzentrum zum Kreml und zum Roten Platz, ein erster großer Moment dieser Reise! Wir fuhren

anschließend mit der Metro zur ihrer Wohnung in einer gigantischen Plattenbau-Siedlung am Rande von Moskau. Pola teilt sie sich zur Zeit mit einer Freundin aus ihrer Heimatstadt, solange ihr Bruder noch in Deutschland studiert und, und ich bin jetzt schon gespannt, ob ich das morgen wiederfinde, wenn ich in die Stadt fahre, um mein schon bezahltes Bahnticket abzuholen...

Stadterkundung in Moskau

Montag, 26.10.2009
Nach dem gemeinsamen Frühstück mit Pola machte ich mich zum ersten Mal allein auf den Weg durch die Stadt. Der Himmel war bedeckt und es war bereits herbstlich kühl, immerhin regnete es nicht. In der U-Bahn konnte ich diesmal relativ gut die einzelnen Stationen

verfolgen, die Beschilderung ist ausschließlich in kyrillischer Schrift. Viele dösen oder schlafen sogar während der Fahrt, sie scheinen vormittags um 11:00 Uhr noch nicht so ganz wach zu sein. Heute Abend in der Rushhour gab es allerdings viele Menschen, die trotz der überfüllten Züge ein Buch lasen. Ich nahm mir unterwegs vor, die U-Bahn zu wechseln und bis zum Leningrader Bahnhof

zu kommen. Ich wollte schon einmal in Augenschein nehmen, von wo der Zug nach Peking abfährt.

Von dort bewegte ich mich langsam in Richtung Kreml, denn dort war ich am Nachmittag mit Pola verabredet. Gemeinsam holten wir mein Ticket in der Reiseagentur ab, anschließend aßen wir in einem guten Restaurant eine Borschtsch Suppe (Rote

Beete, Tomaten und anderes Gemüse mit wenig Rindfleisch, dazu Brotwürfel und ein Löffel Schmand. Sehr lecker!). Auf dem Rückweg zur Wohnung kauften wir noch in einem Shopping-Center ein.

Ich bin sehr gespannt auf den morgigen Tag. Mein Zug fährt um 21:35 Uhr von Moskau ab. Das Begleitpersonal wird bereits aus China kommen, offensichtlich verkehren ´russische´ und ´chinesische´ Züge. Ein neues Update kann ich wahrscheinlich erst in Peking einstellen, dort komme ich am 2. Nov. an.

Moskau Peking

Dienstag, 27.10.20

Heute war Moskauer Schmuddelwetter, das es durchaus mit dem in Hamburg aufnehmen kann. Es machte nur wenig Freude, durch die Stadt zu laufen, und daher war ich bereits um 16:30 Uhr wieder in der Wohnung. Ich streifte trotz des schlechten Wetters vier Stunden durch die  Straßen und ließ die Stimmung der Menschen und das Geschehen auf der Straße auf mich wirken. In den Auslagen der Schaufenster war feinstes Modedesign zu sehen, viele Menschen legen offensichtlich gesteigerten Wert auf Kleidung. Einige Menschen sprach ich an und fragte sie nach dem Weg. Die jüngeren konnten häufig ein wenig Englisch, aber alle waren sehr hilfsbereit, und die überwiegend ernste und in sich gekehrte Stimmung heiterte manchmal auf. Viele scheinen in Eile oder zumindest sehr geschäftig, es gibt wenig Gespräche oder Austausch. Stattdessen beschäftigen sich fast alle mit dem Handy oder sonstiger Elektronik. Die Medien-Industrie hat hier allerbeste Kundschaft.

Dann fielen mir auch die Unmengen an großen Limousinen und Geländewagen auf, ein wichtiger Markt für deutsche Produkte überhaupt. Miele, Bosch, Eurospar, ich war erstaunt, so viele Marken vorzufinden.

Moskau hat wahrscheinlich die größte Dichte an Porsche Cayenne weltweit.  Am Abend wurde ich noch zum Bahnhof gebracht. Es regnete in

Strömen und so war ich froh, in den Zug einsteigen zu können. Wir waren ca. eine halbe Stunde vor Abfahrt im dem Abteil, der Zug wirkte zu dem Zeitpunkt noch sehr leer. Dann kamen noch Tove und Ola, ein junges Pärchen aus Schweden. Wir plapperten sofort los uns verstanden und im Nu. Es war eine Befürchtung, in einem voll belegten Abteil zu landen, indem die russische Gastfreundschaft zu ausgedehntem Vodka- Konsum zwingen würde. Das wird offensichtlich nicht geschehen. Die beiden wollen bis Ulaanbaator, und von dort ist es nur noch ein Tag bis Peking. Unwahrscheinlich, dass da noch Russen einsteigen. Wir machten es uns bequem und gingen recht bald in die Kojen. Sehr beruhigt und zufrieden schlief ich ein.

Mittwoch, 28.10.2009
Der Blick aus dem Fenster machte deutlich,
dass der Herbst sich endgültig verabschiedet
hat. Die Landschaft war in Weiß getaucht
durch den ersten Schnee.
Der Zug hatte in der Nacht schon zweimal
gehalten, am Vormittag stoppte er in Kirov. Die
Stadt ist nach dem Leningrader Parteichef
benannt, der von Stalin beseitigt wurde. Den
Zwischenstopp nutze ich für einen Einkauf in
einem Kiosk, denn zwei Päckchen Müsli, Kefir
und Mineralwasser waren die einzigen
Lebensmittel,
die ich besorgt
hatte. Der
Schaffner
erlaubte zehn
Minuten für
den Einkauf,
ich wurde
fündig und

kaufte etwas Backware und Joghurt. Das
ließen wir uns schmecken. Auch die
Verpflegung war also gesichert. Am
Nachmittag erwies sich auch das Restaurant
betriebsbereit, ich blieb auf einen Kaffee.
Beim nächsten Stopp in Balezino standen
tatsächlich die berühmten Babuschkas auf
dem Bahnsteig und boten ihre Lebensmittel
feil. Wir kauften Bier und Birnen, Wurst und
Gurken, Brot und Brötchen. Photographieren
mochten wir ebenso wenig wie den Preis

herunter handeln, alles war schon so günstig und für das wenige Geld auf dem Bahnsteig zu warten, ob der gnädige Tourist noch eine Pirogge kauft...

Ich las den ganzen Tag in meinem Reiseführer über die Transsib, hatte ich schon zuhause begonnen, aber nun unter dem realen Eindruck ist die Lektüre natürlich viel nachvollziehbarer. Unser "chinesischer" Zug hat die Nummer 4, auf der Rückfahrt haben die Züge ungerade Nummern. Es stimmt, dass die Chinesen den Zug recht sauber halten, aber die russische Herzlichkeit fehlt vollkommen. Der Zug Nr. 10 fährt mit 10 Min. Unterschied voraus. Die Wagen sind moderner (es gibt Fernsehen), aber sie sind proppenvoll. In unserem Wagen sind nur 10 Fahrgäste, der Folgewagen ist ganz leer und in den vorderen Waggons scheinen nur sehr wenige andere mitzufahren. Wie rechnet sich solch eine lange Fahrt mit max. 20 Fahrgästen?

Am Abend saßen wir noch gemütlich zusammen mit noch einem jungen schwedischen Pärchen aus dem Nachbarabteil, ich fühle mich sehr wohl mit den Youngsters. Glückselig die, die eine Nacht auf einer max. 70 cm breiten Pritsche gemeinsam schlafen können!

Donnerstag, 29.10.200
Heute Morgen auf dem Weg zum Restaurant sah ich einen Franzosen ganz allein in einem Abteil, in dem auch sonst absolut leeren Waggon. Die Tür war zur Seite gezogen und so sprach ich ihn an. Er war auf seinem Weg nach Indien. Über Kasasta n durfte er aber nicht direkt in China einreise n. So  muss er einen großen Umweg über Russland und die Mongolei nehmen. Er will bis Ulaanbaator fahren, um von dort bis zur chinesischen Grenze zu Fuß zu laufen. Als ich das hörte, war ich durchaus erleichtert, dass meine Unternehmung sich durchaus noch in einem Rahmen bewegt. Ansonsten pendelte sich der Tagesablauf langsam ein: Kaffee und kleines Frühstück im Restaurant, Lesen des Reiseführers über die Transsibirische

14

Eisenbahn, Warten auf den nächsten Stopp, kleiner Einkauf in einem Kiosk auf dem Bahnsteig, gemütliches Beisammensein mit den Schweden am Abend mit Bier und Chips. Uns ist es gelungen, auf den Bahnsteigen auch typisch russische Lebensmittel zu kaufen. So hatten wir schon Gurken und dazu eine schmackhafte Wurst, heute ergatterten wir Piroggen, im Restaurant gab es Bliniys und jetzt fehlt eigentlich nur noch geräucherter Fisch mit Vodka. Mal sehen, ob wir am Baikalsee fündig werden. Als wir schon etwas angetüddelt waren, schrieben wir das Tagebuch gemeinsam: Daniel brought dry fish from his compartment, it smelled like Fischfutter, but it tasted all right. The conductors closed the toilets before we entered the station... Mehr fiel uns leider nicht mehr ein.

Freitag, 30.10.2009
Wir erlebten einen recht unspektakulären Reisetag. Verschiedene Städte zogen am Fenster vorbei. Das Gelände wurde bergiger, aber nicht alpin. Es war bitterkalt, einmal war die Anzeige von - 14 Grad Celsius in einem großen Display an der Bahnhofswand zu sehen. Die Sonne zeigte sich nur selten, es herrschte der Eindruck von Winter vor, entsprechend kurze Stopps auf den Bahnhöfen. Die chinesischen Schaffner gönnten uns meist nur 10 Min. aus Vorsicht,

dass niemand zurückbleibt. Auf den kleineren Bahnhöfen wurden Lebensmittel verkauft, auf den größeren gab es Verkaufsstände mit Supermarktwaren. Ich konnte es nicht lassen, wieder typisch "Russisches" zu kaufen; Blinis, Pelmeni und zum Nachtisch eine Karamellstange.

Meine schwedischen Mitreisenden überredeten mich schließlich, doch ins

Restaurant mitzukommen und dort zu Abend zu essen. Die Leckereien hängte ich in den Zwischengang am Ende des Waggons, ein sehr guter Kühlschrank. Abends spielten wir zu fünft in unserem Abteil und fühlten uns recht wohl, bis ein junger, schon deutlich betrunkener Russe an unserem Abteil auftauchte und uns etwas verwirrte, denn weder verstanden wir ihn noch er uns. So ein kleines Bisschen Englisch seinerseits wäre sehr hilfreich gewesen. Im Restaurant kamen wir recht gut zurecht mit einem Sprachführer. Die Bedienung las, worauf wir zeigten, das klappte ganz gut.

Samstag, 30.11.2009
Schon Freitagabend waren wir sehr gespannt auf den Baikalsee, und unsere Furcht bestand darin, dass wir ihn bei Dunkelheit passierten. Der  Zugfahrplan richtet sich nach Moskauzeit, die lokale Zeit in Irkutsk, wo es bei Ankunft noch dunkel war, eilt 5 Stunden voraus. Auf der folgenden Strecke hielt der Zug einige Male für längere Zeit, die Passage direkt am Südufer dauerte auch einige Stunden, und so konnten wir den See bei Tag sehen, riesig. Zu Mittag gab es die schönen Dinge, die ich am Vortag eingekauft hatte, und ganz allmählich ging es in die Berge Richtung mongolischer Grenze. Schließlich erreichten wir den Grenzort und die Grenzprozedur begann. Alle Zollbeamten mit Mundschutz, unterschiedliche Uniformen. Der Speisewagen wurde

abgehängt, eine kurze Fahrt über die Grenze und der mongolische Zoll begann mit der gleichen Prozedur. Aussteigen war nicht erlaubt, es war allerdings auch schon Abend geworden, dazu bitterkalt und daher nicht sehr

verlockend auszusteigen.

Der späte Abend gestaltete sich wie am Vortag, wir saßen mit dem zweiten schwedischen Pärchen zusammen und spielten ein Würfelspiel, wie damals im Jugendheim. In Ulan Ude waren schon recht viele Leute zugestiegen, unter anderem auch drei schwedische junge Frauen, die ebenfalls nach Vietnam unterwegs sind. Allein in diesem Zug waren also viele 20-jährige, die ans andere Ende der Welt reisen, etwas, was für meine Generation undenkbar war.

Sonntag, 1.11.2009

Am frühen Morgen erreichten wir Ulan Bator, die mongolische Hauptstadt. Der Zug hatte etwas Verspätung und wir warteten im Gang auf die Ankunft. Ola und Tove machten noch letzte Bilder, dann waren wir angekommen. Auf dem Bahnsteig lief ein Mann, der seine Nase schnäuzte, indem er ein Nasenloch zuhielt und aus dem anderen einen kleinen Sprühregen auf die Plattform pustete... Abschied von den Beiden, sie werden hier 4 Tage bleiben, 2 davon in einem typisch mongolischen Rundzelt im nahegelegenen

Nationalpark, bei diesen Temperaturen vielleicht nicht ganz so angenehm... Ich schrieb ihnen die blog.de Adresse auf, wir wollen darüber Kontakt halten. Weiter ging es durch die mongolische Steppenlandschaft, weite Graslandschaft, keine Bäume, gelegentlich Viehherden, Gebirgszüge in weiter Ferne. Die Strecke verläuft am Rand der Wüste Gobi. Zugestiegen waren 2 junge amerikanische Studenten aus Texas und ein ebenfalls noch junger chinesischer Geschäftsmann aus Singapur. Das Abteil war jetzt also voll belegt, es war nun sehr eng. Ich freute mich im Nachhinein, dass ich es mit den beiden jungen Leuten aus Schweden recht gut getroffen hatte, und dass wir für den Großteil der Strecke - praktisch von Moskau bis Irkutsk - nur zu zehnt in unserem Waggon waren. Nun gut, den letzten Tag würde ich noch durchstehen.

Die Amerikaner bedienten im ersten Anwurf alle die Vorurteile, die man gegenüber diesem Land hat. Übergewicht, Vodka-Fahne, Instant-Suppen, geboostetes Ego, stellten sich aber im weiteren Verlauf als durchaus passabel heraus. Außerordentlich hilfreich war der Chinese, Sprachprobleme gab es seitdem nicht mehr. Ich konnte die genaue Lage meiner Unterkunft in Peking herausfinden und erhielt noch viele gute Tipps. Gegen 22:00 Uhr näherten wir uns der chinesische Grenze, ein Spurwechsel stand bevor, die Fahrgestelle wurden in einer Halle ausgewechselt, dann waren wir in China. Es war nur gestattet, im Bahnhof etwas einzukaufen und die Toiletten zu benutzen. Als der Zug sich wieder in Bewegung setzte, war es weit nach Mitternacht, Zeit für einige Stunden Schlaf.

Montag, 02.11.2009
Die Nacht war sehr kalt, durch einige kleine Spalten am Fenster zog es. In der vorherigen Nächten hatte ich die Frischluft begrüßt, aber in dieser Nacht wurden meine Füße nicht so richtig warm. Aus irgendeinem Grund wurden Gutscheine für ein Frühstück und ein Lunch ausgege ben, wir gingen also in den chinesisc hen Restaura nt- Wagen.

Sehr einfaches Frühstück, 2 Eier, 2 Scheiben Brot, Marmelade, Butter, aber eine Tasse guten Tee. Lunch war besser, Reis, Hühnchen mit Paprika, Salat. Erstes Essen mit Stäbchen, muss ich noch richtig lernen. Die Fahrt ging weiter durch ein breites Tal, das sich zunehmend verengte. Der Zug schlängelte sich nun an Felswänden vorbei, durch Tunnel, an Stauseen, schroffes Gebirge, hohe Gipfel. Die Landschaft öffnete sich wieder und bald waren wir in Peking. Austausch von Hoteladressen und Telefonnummer., ob das wohl wirklich klappt, sich zu treffen? Der Bahnhof war zwar riesig, aber nicht unüberschaubar, Menschenmassen kamen aus den Zügen und drängten hinaus. Erste Orientierung, Bank of Beijing, Geldwechseln. Blitzblanke Schalterhalle, zwei, drei junge Wachleute in Uniform mit Knüppel und Schussweste, eine junge Frau gab Nummern aus, am Schalter bekam ich mein Geld. Draußen ein Touristenbüro, der Mann sprach gutes Englisch, dann zur U-Bahn, erste Fahrt. Unterwegs sprach ich einige junge Leute an, fast alle konnten Englisch und mir weiterhelfen. Ich kam an in der Nähe meiner Unterkunft, eine junge Frau half mir weiter, telefonierte mit meinem Gastgeber, der mich wenig später an einer Kreuzung abholte.

Das Guesthouse lag in einer rückwärtigen, kleinen Seitengasse, ein schöner Innenhof, ansonsten sehr einfach, aber ein gut Englisch sprechender, freundlicher Wirt. Abends die erste kulinarische Offenbarung. In der Nähe gab es eine Straße mit vielen Restaurants, mir schien eines gut und ich genoss eine Art Fondue-Essen. Die Tische hatten in der Mitte ein großes Loch, dort hinein wurde eine Schüssel mit eingeschweißter Trennwand gestellt, die Flamme darunter angezündet und schon bald brodelten die Suppe in der einen, der Chili-Sud in der anderen Halbschale. Dazu konnte man verschiedene Zutaten bestellen: Fleisch, Fisch, Gemüse, Soße. Die junge, aufmerksame Chefin half, sie legte nacheinander die Lebensmittel in Suppe und Sud, fischte sie nach kurzer Zeit wieder heraus und legte sie mir auf den Teller, klasse. Auf dem Weg zum Guesthouse kam ich noch an einem kleinen Platz vorbei, auf dem Hinweg übten dort, mitten in der Öffentlichkeit und Kälte, Tai-Chi. Etwas abseits spielte Musik und einige Paare tanzten Standardtänze, erstaunliches China!

Beijing

Dienstag, 3.11.2009
Schon gestern Abend hatte ich auf dem Weg zum Restaurant ein Hotel entdeckt und mir ein Zimmer angeschaut, denn es war sehr kalt in meiner Unterkunft und die Heizung kam kaum dagegen an. Sicherlich hätte es mir dort in wärmeren Zeiten gut gefallen, doch für winterliche Temperaturen war das Zimmer nicht ausgelegt. In meinem Reiseführer war zu lesen, dass es sich um einen sog. Vier-Harmonien-Hof handelte, ein Gebäude, das nach der Fengshui-Lehre erbaut wurde und in einem sog. Hutong-Gebiet gelegen ist, im

"alten" Peking. Man schwankt wohl, ob man diese Häuser erhalten oder dem Abriss preisgeben soll. Auf der selben Fläche ließe sich natürlich mit einem weiteren Riesengebäude ungleich mehr Geld erwirtschaften. Nun, mein Gastwirt hatte Einsehen und bot sogar an, mich zu einem Hotel in der Nähe zu bringen. Ich nahm das an und landete in einem Hotelzimmer, dessen Wärme ich erst einmal auf 22 Grad drosseln musste, jemand hatte es auf 25 Grad programmiert. Ja, Zimmertemperatur digital einstellen, Internetzugang in meinem Hotelzimmer, jede Menge Elektrofahrräder, gute, moderne Busse, Schnellzüge à la ICE, Hochhäuser aus Glas und Stahl, Straßenschluchten, 8-spurige Fahrbahnen etc. machen klar, dass China schon lange kein Entwicklungsland mehr ist.

Einen Kaffee besorgte ich mir in der Nachbarschaft, Chinesen scheinen schon morgens mit Suppe und Reis anzufangen. Dann konnte ich in den Tag starten. An der Rezeption half man mir, ein Fahrrad zu mieten und schon fuhr ich - nur mit Reisepass, Geld, Visakarte, Stadtführer, -plan und Kamera ausgerüstet - vollkommen unbeschwert durch Peking. Fast wäre nun um ein Haar eine kleine Träne aus meinen Augen gekullert, vor Glück. Es war zwar kalt, doch ein blauer Himmel und Sonnenschein taten das ihre zu meinem Wohlbefinden. Ich hätte nun eigentlich alle 10 Meter stehenbleiben können, um ein Photo zu machen, so viele Motive wollte ich festhalten. Stattdessen genoss ich diese fremde Umgebung und war einfach nur fasziniert.

Ich radelte munter drauflos, die Hauptstraße entlang, unter der ich gestern per U-Bahn gekommen war, zum Grand Hotel Beijing. Dort waren die beiden Amerikaner untergekommen (Papa hatte ihnen ein Zimmer vorbestellt, so etwas nennt man "high-end backpacking"). Leider hatte ich mir ihre Namen nicht notiert, konnte ihn nur mündlich übermitteln, ohne Erfolg, schade. Hätte gerne mit ihnen darüber gesprochen, dass Elton, der  Geschäftsmann aus Singapur, sein Telefon losgeworden ist, als er den drei Schwedinnen behilflich war. Die drei waren am Bahnhof in ein Taxi gestiegen, Elton hatte die Jugendherberge angerufen, um den Weg zu erfragen, er reichte sein Telefon an den Taxifahrer weiter, es entstand ein Gedränge im Autoverkehr, der Taxifahrer gab Gas und schon war das Handy weg. Den Mädels war das in der Aufregung entgangen. Nun hofft Elton, dass es über eine neue Sim-Karte geortet werden kann, hoffentlich klappt´s.

Weiter zum Tor des himmlischen Friedens, vorbei an der Halle des Volkes bis zum Himmelstempel, das ist die größte Tempelanlage der Welt. Am Eingang gab es ein GPS-gesteuertes MP3-Gerät in deutscher Sprache, das mir die Anlage in allen Einzelheiten verständlich machte, absolut beeindruckend.

Auf dem Rückweg schaute ich noch in ein Shopping-Center, entdeckte einen Imbiss und genoss ein frisch zubereitetes Wok-Gericht, lecker. Heute Abend bereite ich mich nur noch auf den morgigen Tag vor und werde hoffentlich mal wieder so richtig gut schlafen.

Mittwoch, 4.11.2009

Kleines Frühstück und wieder ab aufs Fahrrad, heute mit weniger Sentimentalität. Entsprechend häufiger drückte ich auf den Auslöser: stolze 416 Photos ließ die Kamera zu, dann waren die Batterien leer.

Manchmal spielt ja der Zufall eine große Rolle. Als ich am Montag hier ankam, entdeckte ich in Bahnhofsnähe ein unscheinbares Schild mit der Aufschrift Tourist-Information. Man half mir, mein Guesthouse mit der U-Bahn zu erreichen. Diesmal hatte ich noch mehr Wünsche: den Ausflug zur großen Mauer, ein Besuch einer Peking Oper, meine Fahrkarte nach Guilin und die Frage, ob noch ein Zwischenstopp ratsam sei. Ich erhielt professionelle Auskunft und buchte für Donnerstag den Ausflug.

Dann wurde es Zeit für die "Verbotene Stadt", den Kaiserpalast. Kurz und gut, es war überwältigend. Auch diesmal nahm ich ein Abspielgerät in deutscher Sprache. Die Menschenmassen (es ist Nebensaison!), die sich gleichzeitig durch diesen Komplex bewegten, störten eigentlich nur da so richtig, wo die Führer ein billiges Megaphon benutzten, nachmittags nahm der Menschenstrom deutlich ab. Aber da konnte ich auch nicht mehr: Mittagstor, Goldwasserfluss, Tor der höchsten Harmonie, Halle der Höchsten Harmonie, Halle der Vollkommenen Harmonie, Halle zur

Bewahrung der Harmonie, Palast des Fastens, Palast der Ruhe und Langlebigkeit, Palast der Herzensbildung, Tor der Himmlischen Reinheit, Palast der Himmlischen Reinheit, Halle der Berührung

29

von Himmel und Erde und der Kaiserliche Garten, man ist erschlagen von so viel Ästhetik, Augenschmaus und Staunen. Auf dem Rückweg kam ich zufällig in der Nähe der Wangfuijing Einkaufsstraße, Pekings erster Fußgängerzone, vorbei. Dort wird gegen Abend eine Garküchenmeile aufgebaut, die sich der Nähe von Prada, Gucci, Porsche und Starbucks angepasst hat, optisch und qualitativ. Frische Lebensmittel schön drapiert und gekonnt serviert. Ich wählte jeweils einen in Sud gegarten Spieß mit Morcheln und Tofu, zum Nachtisch ein Schmalzgebäck mit Banane, alles sehr lecker!

Donnerstag, 5.11.2009
Wieder ein randvoller Tag. Um 6:40 Uhr diesmal kein Seewetterbericht, sondern der Weckruf aus der Rezeption. Um kurz vor 8:00 Uhr wurde ich abgeholt von einer sehr netten Chinesin, sie führte uns durch den Tag. Im Minibus saßen bereits Andy and Cai from Los Angeles, er Amerikaner, sie Chinesin. Wir hatten die Tour im Touristenbüro der Stadt Beijing gebucht und waren natürlich froh, dass wir den Wagen, die Fahrerin und unsere Hostess nur für uns hatten.

Es war ein ganzes Paket, ein Besuch in einem Geschäft mit lauter schönen Dingen aus Jade, ein Besuch in den  sog. Ming-Gräbern, in denen die Kaiser der Ming Dynastie begraben liegen, ein Besuch der Great Wall of China, eine Tee-Zeremonie und zum Abschluss eine Fußmassage. Das war der Grund, weshalb ich an diesem Morgen meinen Füßen etwas mehr Aufmerksamkeit schenkte.  Nun gut, im Jade-Shop wurden wir von einem Verkäufer begrüßt, er erklärte uns in ca. 15 Min. alles Wissenswerte über diesen tollen Stein. Anschließend konnten wir in dem riesengroßen Laden die wunderbaren Vasen, Skulpturen, Figuren, Armreifen, Schmuckstücke und sonstige Gegenstände bewundern. Ich wollte mich nicht mit Gepäck belasten, gekauft hätte ich gerne ein Souvenir.

Jade schmeichelt der Hand. Die Ming-Gräber mussten nach dem gestrigen Highlight etwas abfallen. Sie erinnerten mich an die Pyramiden in Kairo. Eine mehrere Tonnen schwere Stele wurde kilometerweit jeweils im Winter über extra hergestellte Eisflächen auf einen recht hohen Hügel geschleppt, weshalb natürlich auch diese Anlage zum Weltkulturerbe gehört. Wir fuhren weiter durch die Gebirgslandschaft, durch die der Zug vor drei Tagen gekommen war, in Richtung Mauer, die sich schon bald unverkennbar im Bergmassiv zeigte.

Doch vor der Besichtigung gab es Lunch, drei kleine Gerichte mit Reis und dazu Tee. Das Hühnchen-Gericht mit Gemüse war besonders lecker. Schließlich war es soweit: Wir fuhren mit der Seilbahn hinauf zur großen chinesischen Mauer, umwerfend. Ich ging bis zum dritten Wachturm in östlicher Richtung, möglicherweise einen knappen Kilometer weit, der hatte es in sich. Die Mauer folgt eben dem Gebirgskamm und der ist häufig extrem steil. Ganz in der Ferne konnte ich noch Wachtürme auf den äußersten Bergspitzen sehen, unvorstellbar der Kraftakt, der zum Bau notwendig gewesen sein muss.

Wir hatten gut anderthalb Stunden Zeit, dort zu verweilen, dann ging es zurück nach Beijing in das Seide-Geschäft. Auch hier erhielten wir eine äußerst informative Einführung und hatten danach Gelegenheit, die wunderbaren Textilien anzuschauen. Meine Tour-Freunde kauften zwei wunderschöne Decken als Weihnachtsgeschenk für ihre Eltern. Es folgte die Tee-Zeremonie nach bekanntem Muster: eine sehr hübsche, zierliche Chinesin stellte vier Teesorten vor und bereitete kunstvoll und anmutig nach und nach alle Sorten in kleinen, feinen Gefäßen aus Porzellan.

Der grüne Tee schmeckte mir am besten. Den Abschluss der Tour bildete die Fußmassage. Im Jade-Shop wusste ich: Du sollst Jade kaufen! Im Seide-Shop, Seide und im Teehaus, Tee. Worin lag der Sinn einer Fußmassage? Zum Auftakt eine kurze Einführung in die chinesische Medizin, unterdessen standen die Füße bereits in einem Wasserbad. Dann kamen drei Masseure und legten los. Kurz darauf wurde uns signalisiert,

dass zufällig kundige Meister der Heilkunst aus Tibet zugegen seien und aus den Händen Auskunft über unseren Gesundheitszustand geben könnten. Natürlich waren wir neugierig. Bei mir diagnostizierte er eine Herzschwäche und Nackenschmerzen, die ein teures Medikament im Verlauf von einem Monat beheben könne. Wir winkten dankend ab. Die Massage tat aber trotzdem sehr wohl. Unsere Hostess gab Cie vorher einen Wink, bloß nicht chinesisch zu sprechen. Daher wussten die

Behandelnden nicht, dass sie alles verstand, was gesagt wurde. So konnte sie mit anhören, wie sie sich über dicken Bauch ihres Ehemanns lustig machten, er sei wohl schwanger. Wie schön, dass ich äußerlich eigentlich immer eine ganz gute Figur abgebe...

Wir gerieten in die Rushhour, Pekings Autobahnen ein einziger Stau. "Almost like in Los Angeles", war zu hören. "In Moskau as well", konnte ich beisteuern. Von den 16 Million Bewohnern haben 4 Millionen ein Auto und weitere 8 Millionen hätten sicherlich gern eins, verständlicherweise. Prost Mahlzeit! Die einsetzende Dunkelheit entzog gnädig die Sichtbarkeit dieser faszinierenden Dunstglocke.

Aus drei Dampfnudeln (dumpling) aus der ca. 8 m² großen Garküche unmittelbar neben meinem Hotel bestand mein Abendbrot, wunderbar luftiger Teig, sehr einfache, schmackhafte Füllung, super.

Freitag, Samstag, Sonntag
6./7./8.11.2009
Ruhigere
Tage.
Eigentlich
sollte Freitag
der
Abreisetag
sein, das war
mir aber zu
hektisch, ich
verlängerte,

mietete an allen 3 Tagen wieder ein Fahrrad und fuhr über kleine Seitengassen zum Touristenbüro am Bahnhof. Der Mann begrüßte mich schon mit Namen, empfahl mir Peking-Oper und Peking-Ente, Programm für Samstag- und Sonntagabend. Danach kaufte ich ein Ticket für die Bahnfahrt nach Guilin ganz im Süden. Ich fand, Gott sei Dank, jemanden, der sich brav mit mir in die Schlange stellte und nach 15 Min. die Karte für Sonntag durch das kleine Fenster orderte, aber Sonntag war kein "soft-sleeper" (Abteil mit vier Liegen) mehr verfügbar, erst für Montag um 19:00 Uhr. Na gut, fahre ich also an meinem Geburtstag Bahn. Ohne den Fremden wäre es ziemlich schwierig geworden. Was das Um-Hilfe-Bitten angeht, ist die Strategie aus Moskau auch hier passend: junge Menschen mit Brille, geschätzte 60 % Trefferwahrscheinlichkeit.

Menschen, die ich anspreche, reagieren häufig eher eingeschüchtert. Ob das an der Körpergröße liegt? Die meisten sind deutlich kleiner, zierlicher. Die übersteigerte Achtsamkeit und Vorsicht vor dem, was alles passieren könnte, habe ich kaum noch. Allerdings prüfe ich ständig, ob ich noch Geldkarte, Pass und Kamera mit mir trage.

So radelte ich ganz entspannt durch die Innenstadt, diesmal am nordwestlichen Stadtrand, ließ mich treiben, fuhr schon mal zum Westbahnhof, von dem der Zug am Montag abfährt.

Zufällig kam ich an einem Deutsch-Chinesischem Ausbildungszentrum vorbei. Da hielt ich natürlich an, wollte Chinesen auch mal Deutsch sprechen hören. Leider vergebens, die Deutschlehrgänge finden immer nur mo. - fr. statt, sa. sind sunday-classes. Zufällig entdeckt auch die kleine Gasse mit chinesischem Kunsthandwerk und Malerei. Sehr schöne Bilder und andere Kunstgegenstände und -bedarf. Schade, dass ich kaum Platz für Souvenirs habe.

Samstagabend die Peking-Oper, ich wurde mit Taxi abgeholt. Die Vorstellung bestand aus drei kleinen Stücken à ca. 25 Min., mir schien das Programm sehr auf Touristen zugeschnitten. Die "richtige" Peking-Oper dauert ja bis zu 5 Stunden, das stehen aber auch Hartgesottene kaum durch, der Gesang und die Musik sind tatsächlich gewöhnungsbedürftig. Für die Rückfahrt gab mir der Mitarbeiter des Touristenbüros 30 Yuan (3,- €) für die recht lange Taxifahrt (war im Preis inbegriffen).

Ich nahm aber Bus und U-Bahn für 3 Yuan und kam sicherlich nicht viel später an.

Das Netz aus Bus und Bahn ist ausgezeichnet, durchaus vergleichbar mit Moskau und Berlin. Busse stoßen relativ wenig Dieselrückstände aus (ich stand mit dem Fahrrad häufig hinter einem). Aber auch am Freitag und Samstag lag eine dicke Smog-Wolke über der Stadt, und irgendwann, als ich so zwischen den Menschenmassen unter der Dunstglocke zum Hotel ging, erschien mir Stade plötzlich als das Nonplusultra menschlicher Zivilisation.

Sonntag dann eine große Runde in nordöstlicher Richtung, Peking ist umgeben von vierspurigen Autobahnring en, jenseits des dritten Ringes sind die Wohn- und Schlafstädte. Furchtbar

einfallslose Wohnblocks à la Plattenbau habe ich nirgendwo entdecken können. Die neueren Wohnblocks sind zumindest äußerlich relativ variantenreich, wenn auch Hausgruppen gleich aussehen. Wohnhäuser mit 30 Stockwerken, sicherlich 10 oder mehr Wohnungen auf einer Etage, wo sonst sollten 16 Mio. Menschen unterkommen?!
Abends dann die Peking-Ente, wäre des Essen nicht kalt geworden, sicherlich ein kulinarischer Höhepunkt. Es wurden 2 Platten mit Entenfleisch in dünnen Scheiben serviert, eine mit krosser Kruste. Dazu hauchdünne, runde (ca. 10 cm Durchmesser) Teigblätter, in die man das Fleisch - in Soße getunkt - und das Gemüse (feine Streifen von Gurke und Lauch) wickeln konnte. Die Prozedur dauerte natürlich entsprechend lange, unterdessen wurde das Fleisch kalt, trotzdem schön. Zwei junge Frauen servierten sehr freundlich und

gaben mit Gestik und Mimik Hilfestellung, sie amüsierten sich anfangs und kicherten, ich schmunzelte. Und dann noch ein kurzer, heilsamer Schock: Auf dem Rückweg griff ich in die Umhängetasche und suchte nach meiner Kamera, das Fach war leer! Den Verlust der Kamera hätte ich verschmerzen können, den Bildern trauerte ich nach! Dann die Erlösung, sie war im schmaleren Seitenfach. Glück gehabt, aufgepasst!

Guillin

Montag, 9.11.2009
Letzter Tag in Peking, Abreisetag, mein Geburtstag. Der Zug fuhr erst um 18:46 Uhr ab Westbahnhof, ich hatte also noch einen ganzen Tag Zeit. Morgens beantwortete ich einige Emails, schrieb letzte Postkarten, packte meine Sachen und checkte aus. Erstaunlicherweise bekam ich noch Geld zurück, angeblich

von meiner Vorauszahlung, nahm ich natürlich

gerne an. Ich machte mich dann noch einmal zu Fuß auf den Weg.

Der Bahnhof lag in der entgegengesetzten Ecke des 2. Stadtrings, ich ging also einmal quer durch Beijing. Die Reisetasche mit Rollen hielt tapfer durch, zusammen mit dem kleinen Rucksack (noch aus Hamburg) und einer Umhängetasche konnte ich gut und gerne 4 Stunden schlendern, ohne Mühe. Ich streifte durch verschiedene Hauptstraßen, hielt an machen Geschäften inne, schaute mir die Auslagen an, ging diesmal mitten auf den Platz des himmlischen Friedens (1989 fanden dort die Studentenunruhen mit schlimmen Folgen statt), nahm mir noch einmal Zeit in der Straße mit dem Kunstbedarf und - handwerk, erstand ein kleines Aquarell in Querformat (auf Reispapier mit Seide-Passepartout), dann war es auch schon 16:00

Uhr und fing an, kalt und ungemütlich zu werden. In der vergangenen Woche hatte ich durchaus Glück mit dem Wetter, auf anfängliche Kälte folgten gemäßigte Temperaturen, ja eigentlich mit Sonnenschein, den musste man sich eben dazu denken unter der Dunstglocke. Nun setzte richtiger Regen ein, da zögerte ich nicht lange und setzte mich in das nächstbeste Restaurant. Die Küchencrew aß selbst gerade an einem großen runden Tisch im Restaurant, das fand ich vertrauenerweckend. Ich wählte Schweinefleisch süß-sauer und wurde nicht enttäuscht, reichliche, schmackhafte Portion mit Reis.

Den letzten Weg zum Bahnhof legte ich mit dem Bus zurück. Der Westbahnhof ist noch deutlich größer als der Hauptbahnhof Pekings. In einem Wartesaal hatte ich noch Zeit für einen Tee, und dann wurde mein Zug aufgerufen. Nicht einen anderen Touristen hatte ich gesehen, das wurde also eine rein chinesische Veranstaltung. Die Mitreisenden in meinem Abteil sprachen kein Wort Englisch, zeigten sich eher reserviert,  aber durchaus freundlich, respektvoll und zuvorkommend. Sie mochten sich kaum auf meine Liege setzen, obwohl die untere Liege ja als Sitzplatz auch für die herhalten muss, die oben schlafen. Es wurde recht bald geruht bzw. geschlafen.

Dienstag, 10.11.2009
In der Nacht fuhr der Zug durch die Tiefebene der Provinzen Hebei und Henan, landschaftlich habe ich wohl nicht viel verpasst. Am Morgen weitere Fahrt durch die Provinzen Henan und Hubei, überall jede Menge Baustellen, Industrie-Anlagen, Wohnblocks, Menschenmassen. Erst in Hunan wurde es bergiger und etwas weniger besiedelt. Auffällig, dass landwirtschaftliche Flächen in Kleinstparzellen bewirtschaftet werden, nicht ein Quadratmeter bleibt ungenutzt. Schade, dass auch hier der Herbst bereits eingekehrt ist, im Frühjahr ist das sicherlich ein wunderschönes Bild in Grün. Aus dem angrenzenden Waschraum kamen regelmäßig wundersame Geräusche, an die ich mich schon in Peking nicht gewöhnen konnte: so richtig lautes Rotzen. Mit voller Kraft wird erst hochgezogen, und postwendend mit Wucht und entsprechendem Sound ausgespuckt, offensichtlich ein ganz normaler Vorgang, den niemand mimisch oder sprachlich kommentierte. Ich war so froh über die Trennwand! Beunruhigender fand ich das ungebremste Husten und Niesen meiner

Abteilgenossen. Die drei kamen bestimmt aus gutem Haus, trugen Anzüge bzw. Stoffhosen mit Bügelfalte, Einkaufstaschen aus Pekings Nobelmeile, sollten sie jedoch den H1N1 Virus in sich getragen haben, so hätte ich den sicherlich auch.

Zweimal hatte ich mir den Mundschutz in der Nacht angelegt, es wurde aber recht schnell viel zu warm darunter. Fast liebenswürdig hingegen das verhaltene Schmatzen und Schlürfen meines direkten Bettnachbarn. Er legte gleich morgens mit einer Reissuppe los, zu Mittag holte er sich irgendwoher ein Reisgericht. Ich ging in den Speisewagen und bestellte eine Hühnersuppe. Der Koch kam aus der Pantry und zeigte sich mit Schürze, die sah nach ganz viel Arbeit aus in der letzten Wochen! Die Suppe schmeckte aber hervorragend, Glasnudeln mit kleinen Stückchen Huhn und Pilzen. Im Nachbarabteil war dann doch noch ein älterer Herr, mit dem ich etwas sprechen konnte. Er war ganz angetan von meiner Reise, kümmerte sich rührend, nannte mich zum Schluss "my little brother" und sorgte später dafür, dass der Taxifahrer den richtigen Weg zum Hotel fand. Bislang kann ich nur sagen, dass mir überall sehr nett begegnet wurde und ich stets ein sicheres Gefühl hatte. Kein Gedanke an Diebstahl, Überfall oder sonstige Belästigung. Die Menschen gehen ihrem Tagewerk nach, mir kommt das sehr entgegen. In Guilin war es bei Ankunft bereits dunkel, auf dem Bahnhofsvorplatz geschäftiges Treiben, buntes Lichtermeer wie in Peking, nur zwei, drei Nummern kleiner. Mein Hotel hatte ich aus Peking schon im Internet gebucht.

Die Entscheidung, kurz vor der Reise noch ein netbook zu erstehen und mitzunehmen, hat sich als absolut richtig  erwiesen. Ich machte mich noch auf den Weg in die nahegelegene Innenstadt, um 22:00 Uhr waren in den Einkaufsstraßen noch Menschenmassen unterwegs wie auf der Mö am Samstagmittag. Die Bürgersteige werden vermutlich erst viel später hochgeklappt.

Mittwoch, 11.11.2009
Nach der Morgentoilette zog ich die Vorhänge  auf, es bot sich ein phantastisches Panorama auf die Karst-Berge am Horizont, schöne

Überraschung. Auch in diesem Hotel gab es Internet im Zimmer, daher fing auch dieser Tag mit Email lesen an. Kurzes Frühstück und ab aufs Fahrrad, obwohl es immer mal wieder regnete. Zum Bahnhof, Touristenbüro, Programm gebucht für Donnerstag: Fahrt auf dem Li-River, für Freitag: Abreise nach Nanning.

Anschließend Stadterkundung. Die Vegetation ist bereits subtropisch mit Palmen und Bambus, sehr schöne öffentliche Parks rund um den See und entlang des Flusses mit kleinen Pagoden und Pavillons zum Verweilen, leider spielte das Wetter nicht mit. Einmal habe ich mich verfahren und landete in einer entlegenen Seitenstraße. Die Orientierung ist hier nicht mehr so leicht wie in Peking, wo Straßennamen zweisprachig aufgeführt sind. Aber Fragen und um Hilfe bitten kann ja auch Spaß machen, auf beiden Seiten! Wenn vier Personen gleichzeitig einen Stadtplan einsehen und sich darüber streiten, wo man sich befindet, ich wünschte ich hätte ein Tonband dabei gehabt, musste immerzu an mich halten, um nicht vor Freude laut zu lachen, Chinesisch klingt einfach so wunderbar seltsam für unsere Ohren.

Ganz viel freundliches Lächeln. Auf den Straßen gibt es mindestens genauso viele Mopeds, Roller oder Fahrräder wie Autos, ein kleiner Vorgeschmack auf Vietnam. Auch die Menschen haben einen südasiatischen Schlag, klein, zierlich, einige mit dem flachen, kegelförmigen Strohhut. Auf dem Fluss die ersten Hausboote. Am Abend fand ich ein Restaurant in der Nähe, Nudelgericht à la Guilin. Verschiedene Gemüse, nicht alle konnte ich er-schmecken, aber Chili, Mangold, Ingwer war dabei, mit Breitbandnudeln im Wok gebraten, lecker aber etwas zu viel Fett. Auf dem Heimweg gab es noch eine Straßenparade. Verschiedene Ethnien stellten sich im Umzug vor unter dem Motto: Chinas Vielfalt. Es war wohl eine Marketingaktion, gedacht um Touristen auf diese Region aufmerksam zu machen.

Donnerstag, 12.11.2009

Li-River-Tour. "You want english or chinese tour?", das war die Frage im Touristenbüro. Ich war neugierig und wählte die chinesische Variante, war zudem halb so teuer. Es wurde ein Tag unter Chinesen, die in ihrem eigenen Land Urlaub machten. Mit einem kleineren Bus wurde ich vom Hotel abgeholt, ergatterte einen der letzten freien Plätze neben einer Frau aus Shanghai. Die jungen Leute hinter uns dolmetschten, das ging ganz gut. Den Tour-Führer konnte ich natürlich nicht verstehen. Er war mit seinen Gästen im Dialog, stellte manchmal Fragen, die Leute hörten zu, lachten, klatschten und einmal fing er sogar an zu singen, Beifall. Erster Stopp in einer Art Schule oder Uni, auf zum Klo. Dann der Besuch im Museum und angeschlossenem Geschäft für Mineralien. Wie gehabt, sehr Schönes aus Jade und anderem Gestein.

Dann Lunch, das aßen wir zu sechst, meine Nachbarin und die beiden jungen Paare. In den Restaurants gibt es überwiegend große runde Tische, Chinesen essen selten allein. Kurze Diskussion und es wurde bestellt: eine  Algen-Suppe (die Algen hatten ganz zarten Biss), ein Fisch-Gericht, einen Gemüseteller (könnten Süßkartoffeln gewesen sein), einen Mangold-Spinat(?)-Teller und Rindfleisch mit einem ebenfalls mir unbekannten scharfen Gemüse. Reis holte man sich aus einen großen Warmhaltetopf, grüner Tee stand bereits auf dem Tisch. All das hätte ich nie kennengelernt, hätte ich Western Style gebucht. 10 Yuan hatte das Touristenbüro gesponsert, den Rest mussten wir bezahlen, ebenfalls 10 Yuan (1,-€), köstliches Vergnügen. Beim Warten auf unser Essen kam die Frage: "Where do you come from?" "I´m from Germany." "Heil Hitler", war die spontane, laut und deutlich zu hörende Entgegnung mit entsprechendem Gruß der aufgeweckten, jungen Frau neben mir. Ich nahm es gelassen, bin ja Jahrgang 1946, trotzdem ein Anflug von Scham. Immerhin, es wurde gelacht, wenn auch etwas verlegen.

Dann ging es aufs Boot. Mit unserer Gruppe von ca. 20 Teilnehmern waren die Sitzplätze belegt.

Trotz des kühlen, regnerischen Wetters hielt es niemanden unter Deck. Geschoben von der durchaus kräftigen Strömung und einem schon in die Tage gekommenen Schiffsdiesel glitten wir durch eine spektakuläre Landschaft aus Karstfelsen. Die Kameras liefen heiß, drei Stunden Wunderwelt. Zum Anlegen wurde ein Pfahl durch eine Schiffsöffnung in den Grund gerammt, über eine kleine Gangway gelangten wir an Land. In drei offenen 9-Sitzern, das sind Kleinlastwagen mit Bänken, schaukelten wir auf Feldwegen durch Schlaglöcher der nächst größeren Ortschaft entgegen, wo schon der Bus wartete. Dann ein unfreiwilliger Stopp, ein Reifen war platt und musste gewechselt werden. Meine

Nachbarin versorgte mich mit kleinen Köstlichkeiten: erst Litschis (man öffnet die Frucht und löst das Fruchtfleisch vom Kern mit der Zunge, sehr sinnlich), dann kandierte Ingwer-Stückchen und ein Fruchtbonbon, das diesen Namen zurecht trägt, kein Zuckerstück mit Fruchtgeschmack, sondern eine richtige Frucht als Bonbon verpackt, leichte Säure, erfrischend und lecker! Nach ca. einer Stunde kam der erste zaghafte Protest, bis dahin nahm man das Ungemach kaum zur Kenntnis und harrte einfach in den Sitzen.

Mit dem Besuch einer Klosteranlage und der Rückfahrt endete die Tour. Lächeln, winken zum Abschied, hat Spaß gemacht mit den Chinesen, ganz liebe Leute! Ich war richtig durchgefroren und hätte gern ein Vollbad genommen oder - noch lieber - einen Sauna- gang gemacht, aber das Warmwasser im Hotel war enttäuschend lau, trotz der  vier Sterne. Enttäuschend auch das Essen am Abend im Restaurant einer Kette. Kein schöner Abschluss, trotzdem ein toller Tag.

Freitag der 13.
(Ich bin gar nicht abergläubisch!!!)
Sachen packen, auschecken, mit Taxi zum Bahnhof, Busfahrt nach Nanning, 5 Stunden Autobahn, blauer Himmel, Sonnenschein. 17 - 27 Grad die Wettervorhersage für Nanning.

Die Stadt machte auf den ersten Blick einen sehr guten Eindruck, der Busbahnhof lag weit außerhalb, die Grünstreifen der Hauptstraße ins Zentrum waren mit blühenden Sträuchern bepflanzt, der Verkehr rollte, ein Fluss, ein See, Parkanlagen...
Nannings Stadtplanung ist mit mehreren Auszeichnungen bedacht worden, darunter die "UN Habitat Scroll of Honor" und der "China Habitat Environment Prize", das ist zu spüren und zu sehen. Am Nachmittag ein erster Rundgang um den Block. Buntes Gewirr aus Kleingeschäften mit Obst, Trockenfrüchten, Kunstblumen, Gewürzen, Elektroartikeln, Garküchen, Straßenhändlern..

52

Funktionierendes Chaos auf der Straße, im Prinzip fahren alle rechts, aber es darf auch nach Gusto gefahren werden, eben da wo Platz ist. Einen Unfall habe ich bislang noch nicht gesehen, auch die Autos haben nur wenige Kratzer oder Beulen.

Am Abend buntes Treiben im Zentrum der 2,5 Millionenstadt, bei 17 Grad flanierten die Menschen wieder in Massen, in den Parks wurde in großen Gruppen getanzt, d.h. jede(r) konnte sich einreihen, sofern sie/er die Tanzschritte beherrschte.

Es gab ein tolles Bild ab, ca. 150 Menschen in erstaunlich synchroner Bewegung, und davon gab es viele Gruppen. Mit dem Essen hatte ich auch diesen Abend wenig Glück.

Auf die Garküchen in den Straßen mochte ich nicht zurückgreifen, von den einfachen Imbissküchen war ich nicht überzeugt, und ein halbwegs gutes Restaurant war zu Fuß nur schwer zu finden. In Nanning spricht kaum jemand Englisch, es kommen wohl zu wenige Touristen hierher. Da gibt ein Kärtchen vom Hotel Sicherheit, damit kommt man im Zweifelsfall per Taxi wieder zurück.

Nanning Hanoi

Samstag, 14.11.2009
Eigentlich wollte ich nur übernachten, die

Weiterreise organisieren und am Folgetag abreisen, aber ich buchte noch zwei weitere Nächte. Mein Nachbar warnte schon in Hamburg: "China kann süchtig machen." Ob er Recht hat, muss sich noch zeigen, aber wie auch immer, ich hatte noch nicht genug. In aller Ruhe ließ ich mich durch das Getümmel treiben, photographierte diese Massen von Menschen.

Nanning war ja keine Touristenstadt, hier spielt sich chinesischer Alltag ab. Da die Ampelphasen recht lange dauern, sammeln sich Unmengen von Menschen, Zweirädern und Autos, um dann bei Grün zu starten, einfach unvorstellbar. Nicht auszudenken, wenn es die Ein-Kind-Politik nicht gäbe.

Richtiges Elend habe ich kaum gesehen, Bettelnde so gut wie keine. Essen wird überall in Mengen angeboten, hungern dürfte eigentlich auch niemand. Die Gesichter der Menschen sind nur schwer zu lesen, auch das Sprechen wird mimisch kaum begleitet. Mir gefällt, wie ich als Tourist wahrgenommen wurde. Entweder gar nicht, denn die meisten scheinen unbeeindruckt von anderen ihrem Tagewerk nachzugehen. Manche schauen aus den Augenwinkeln, ganz vereinzelt kommt ein schüchternes "Hallo", aber niemals Aufdringlichkeit. Viele ausgesprochen hübsche Gesichter. In der Innenstadt dominieren die jungen Leute das Stadtbild, wobei das Alter schwer zu schätzen ist.

Beim Frühstück im Hotel ist die mittlere Altersgruppe vorherrschend mit großen Autos im Innenhof. In diesem Hotel ist Frühstück inklusive, chinesisches Frühstück! Da köchelt am Buffet die Suppe und die heißen Nudeln, daneben eine Art Reis-Brühe, verschiedene warme Gemüseplatten, warme Dampfnudeln (dumplings) mit süßer Füllung (hm!) sowie eine Reihe kalter Speisen wie kleine Gemüserollen, Schmalzgebäck in verschiedenen Varianten und Kuchen. Als Getränk wird Sojamilch angeboten oder Tee (hat außer mir kaum jemand getrunken). Ich hielt mich an die süßen Sachen, gleich morgens mit Suppe und Gemüse zu starten, mag ich nicht so gerne. Abends landete ich wieder einmal in einer Garküchen-Straße. Hier wurde mit Hingabe gekocht, das gefiel mir natürlich. Zugelangt hätte ich wahrscheinlich, wenn mir jemand all das kulinarisch Unbekannte erklärt hätte. So ließ ich es und aß im Restaurant meines Hotels. Die Bedienung kümmerte sich rührend.

Sonntag, 15.11.2009

Lonely Planet´s proposal for a great day trip: Yángmái, a beautifully preserved 17th-century town on the Yuong River 26 km west of Nanning. Ein Ausflug ins Ländliche. Lonely Planet ist wirklich das Maß aller Reiseführer, enorm genau recherchiert. Im Bus neben mir saß ein junges chinesisches Pärchen, wir kamen ins Gespräch. "Oh, you are from Germany. That´s where people eat a lot of pork and drink much beer and that´s why they are so fat, right?" So richtig widersprechen konnte ich nicht. Interessant, welches Bild Chinesen von Deutschland  haben. Sie meinten aber auch, ganz Deutschland sei voll von Wissenschaftlern und Nobelpreisträgern, ich schwieg... Die Fahrt dauerte gut eine Stunde und ging durch Felder mit Zuckerrohr, Mais, Bananenstauden und sonstigem Gemüse, offensichtlich sehr fruchtbares Land. Durch das Dorf schlenderten wir gemeinsam. So richtig umwerfend war es nicht, was dort zu sehen war, kostete aber 10 Yuan (1,- €) Eintritt. Die Busfahrt und den Eintritt bezahlten die beiden,

und auch den kleinen Imbiss am Flussufer.
Sie wollten par tout kein Geld annehmen. Wir
tauschten Email-Adressen. Sie mussten am
Abend bereits wieder nach Guanzhou in der
Nähe von Hongkong, waren auf Kurzurlaub in
Nanning. Ich hätte sie so gerne zum
Abendessen eingeladen! Ob sie jemals meine
Einladung nach Hamburg annehmen können?
Beide arbeiten in einem Krankenhaus, sie als
Krankenschwester, er - nach einer 5-jährigen
Militärzeit mit Berufsausbildung - als
Sachbearbeiter. Sie leben in Guanzhou in
einem eigenen Haus mit den Eltern, die beim
Kauf behilflich waren. Eigenheime hatte ich
bislang in Stadtnähe kaum gesehen. Ein
schöner Ausflug mit liebenswerten Menschen!

Montag, 16.11.2009
Letzter Tag in Nanning, nun noch Panda-
Bären und meine Neugier wäre aufs Erste
befriedigt, also auf in den Zoo. Da ich schon
recht   früh
ankam,   war
ich fast der
einzige
Besucher.
Schöne
Parkanlage
mit
tropischen
Pflanzen.

Neben einer Vielzahl von überwiegend in

China heimischen Tieren gab es drei Sonderdarbietungen: die Vogelschau, die Schau mit Raubtieren und die mit Delphinen. Im Anschluss an die Raubtiershow eine Einlage mit Artisten an einem aus drei großen Rollrädern bestehenden "Riesenrad", drei junge Männer, die in und auf!!! den  Laufrädern turnten, absolut zirkusreif. Die Gibbons machten einen ungeheuren Krach, es klingelte richtig in meinen Ohren. Ein junges Mädchen sprach mich an, eine Schülerin. Ich wunderte mich, dass sie ganz allein unterwegs war und fragte nach ihren Eltern oder Mitschülern. Ob sie das falsch verstand? Wir wollten eigentlich beide zu den Delphinen, erst folgte sie noch, dann war sie nicht mehr da, schade. Nachmittags fuhr ich noch mit Bussen durch die Stadt. Jede Busfahrt kostete nur 1 Yuan (10 ct), egal wie lange man fuhr. Der Geldschein wird einfach in einen Schlitz gesteckt, irgendwie praktisch. Am Abend ein scharfes Fischgericht im Wok, mir lief der Schweiß von der Stirn, aber sehr lecker.

Abschiedsstimmung, Goodbye, China. Gut, dass ich in Nanning ein paar Tage länger geblieben war.

Es ist wirklich eine sehr schöne Stadt, die die Auszeichnungen zu Recht erhalten hat. Ich fühlte mich in dem Hotel recht wohl, und mein Bild von China hat sich durch diese Stadt definitiv positiv gewandelt. Das ständige Einklagen von Meinungsfreiheit und Menschenrechten durch deutsche Politiker, die Ausladung bestimmter kritischer Schriftsteller bei der Frankfurter Buchmesse (Schwerpunktthema China), die hohe Zahl von Todesstrafen, der vermutete Handel mit Organen... all das hatte natürlich auch bei mir Wirkung gezeigt. Dazu die Befürchtung, dass man sich nicht verständigen und dadurch in missliche Lagen kommen könnte, China war mir nicht geheuer, bloß nicht zu lange verweilen. Auch meine anfängliche Vermutung, die Internetseite ´blog.de´ sei durch Zensur gesperrt, hat sich als vollkommen haltlos erwiesen. Polizeipräsenz gab es in Peking an den touristischen Attraktionen, ansonsten sah ich die Polizei mit Blaulicht minutenlang im Stau stehend, geduldig wartend wie alle anderen.

Meine China-Erfahrung weicht von den Vorurteilen erheblich ab. Ja, es ist ein riesiges Land, in dem man sich leicht wie eine Ameise

fühlen kann, aber ich bin immer wieder freundlichen, hilfsbereiten Menschen begegnet und wurde immer wieder mit

Kleinigkeiten beschenkt und eingeladen, z.B. zu einem Tee in einer Markthalle. Der Chef saß in mitten seiner Teeballen auf engem Raum, seine Mitarbeiter verkauften. Er hatte genau das gleiche Tablett vor sich wie die grazile Schönheit bei der Pekinger Zeremonie, bereitete den Tee auf die gleiche Weise. In einem Schälchen von der Größe einer Tasse wird der Tee aufgegossen, in einem etwas mehr als Fingerhut großen Schälchen serviert. Der erste Aufguss wird ´geopfert´, in diesem

Fall über zwei Tonfiguren gekippt, der zweite, dritte und vierte wird getrunken. Stolz hielt er mir das Schälchen mit den Teeblättern unter die Nase, ein Wohlgeruch von Olong-Tee, muss wohl eine Spitzenqualität gewesen sein. Gelegentlich schaute ich in meinen Hotels Fernsehen, den englischsprachigen, chinesischen Sender CCTV, Zielgruppe vermutlich Geschäftsleute, Touristen und Chinesen, die Englisch lernen wollen. Interessante Serien wie "Rediscovering China", "Dialog" mit Beiträgen aus Politik und Wirtschaft und natürlich Nachrichten und Wetter. Nicht zuletzt durch diesen Sender hat sich mein neues China-Bild geformt. Der Ministerpräsident Hu Jintao absolvierte in den 15 Tagen meines Aufenthaltes drei Top-Termine: eine Afrika-Konferenz in Kairo, eine Asien-Konferenz in Singapur und ein Treffen mit Präsident Obama. Mich wundert es nicht, dass China offensichtlich als einziges Land fast unbeschadet aus der Finanzkrise herauskommt und dass die Chinesen als Handelspartner gern gesehen sind. Sie haben in den letzten 20 Jahren eine beeindruckende Infrastruktur aufgebaut. Die Züge verkehren pünktlich, das Bussystem funktioniert ausgezeichnet auf Kurz- und Langstrecken, Neubauten können es durchaus mit europäischen Standard aufnehmen. Aber die Menschen beeindrucken am meisten: geduldig, freundlich und fleißig verrichten sie ihr Tagewerk. Nie hatte ich den Eindruck von Hektik oder unterschwelliger Aggression. Nur zweimal waren Leute in Streit verwickelt. In Peking standen sich zwei Männer gegenüber, worum es ging wusste ich natürlich nicht. Sie schrien sich minutenlang an, ohne sich an die Gurgel zu gehen, bei uns hätte es definitiv gekracht. Die beiden anderen Zwischenfälle ereigneten sich im Verkehr. Ein Mopedfahrer war einem Fußgänger in die Wade gefahren. Der war stocksauer und trat hasserfüllt mit voller Kraft gegen das Vorderrad. Der andere nahm es hin, sah offensichtlich seine Schuld ein, mehr war nicht, fertig. Und, ein Motorroller kollidierte mit einem Motorrad. Sie stritten, der eine nahm Reißaus, der andere verfolgte 10 m, gab auf, stieß das Motorrad seines Kontrahenten mit Wucht um und fuhr weiter. Der andere richtete es wieder auf und setzte sein Fahrt fort. Jeder scheint den anderen zu lassen, eine kluge Strategie bei diesen Massen. Für das Verstehen

unserer europäischen Gesellschaft ist die Kenntnis des Christentums unumgänglich, für

China müsste man sich mit Buddhismus, Konfuzianismus und Tradition befassen. Auf dem Hintergrund der Kultivierung von Tee, Jade, Porzellan und Seide, von Körper-Geist-Pflege durch Fußmassage (wird überall angeboten), Tai-Chi (machen viele ältere Chinesen früh morgens) und Kung Fu (Einklang der Bewegung und Sinne), von Kunstformen wie Peking-Oper, Kalligraphie oder Malerei (Bambus-Zeichnungen etc.), dort liegen wahrscheinlich die Wurzeln für die angenehmen, im Alltag spürbaren Tugenden: Geduld, Freundlichkeit, Gewähren-Lassen. Schade, dass diese Traditionen, wie bei uns, nur noch wenige junge Leute anzusprechen scheinen. Handy, Autos, Fastfood: Amerika hat Einzug gehalten, wie bei uns...

Dienstag, 17.11.2009
Fahrt mit dem Bus (8 Stunden), schöne Karstlandschaft bis zur Tiefebene nahe der vietnamesischen Hauptstadt, lasche Grenzkontrolle. Und dann der Hanoi-Schock! Aber- und abertausende Motorräder flitzen durch die vollkommen überlasteten Kleinstraßen.

Gewimmel, Hast, Unruhe,

Hektik, Überqueren der Straße eine Frage auf Leben und Tod. Eine sehr alte Frau hakte sich bei mir ein, einen Eimer in der anderen Hand mit Essensresten, sie wollte im nahe gelegenen See die Fische füttern.

Ob sie mich führen wollte oder ob sie meinen Schutz suchte, ich konnte es nicht erahnen. Das über Internet gebuchte Zimmer war furchtbar, ich lehnte ab, darin zu übernachten. Man gab mir stattdessen ein Dreibettzimmer, das wenigstens über ein kleines Fensterchen im Bad verfügte. Teurer als alle meine bisherigen Hotels in China, doch mindesten 5 Sterne weniger!!! Einfach schrecklich. Ich begab mich sofort auf die Suche nach einer neuen Unterkunft, vergebens. Auch in anderen Hotels wurden mir fensterlose Räume angeboten, wenn auch auf geringfügig höherem Niveau. Ich blieb. Das Essen am

Abend war ebenfalls nicht vergleichbar mit chinesischer Küche, kurzum, mir gefiel die Stadt ganz und gar nicht. Ich kam an einer "Reiseagentur" vorbei und buchte ohne zu zögern eine Busfahrt nach Danang, in Hanoi hielt mich überhaupt nichts, von diesem Ort kann man eigentlich nur schreiend weglaufen. Mir geht es trotzdem gut, viele Grüße Hermann

Da Nang und Hoi An

Mittwoch, 18.11.2009
Der Bus fuhr erst am Abend, ich konnte also in Ruhe den Tag in Hanoi verbringen. Das Hotel hatte ich auch deswegen eine Kategorie einfacher ausgesucht, um ggf. Reisebekanntschaften zu machen. Und tatsächlich, am Frühstückstisch saßen diesmal ein junges französisches Pärchen und ein Wissenschaftler aus der Ukraine. Die jungen Leute wollten, wie die Schweden auf der Transsib, in den kommenden Wochen bis Australien reisen, um dort durch Arbeit die Kasse wieder zu füllen. Scheint sich irgendwie herum gesprochen zu haben. Auch weitere gute Informationen, z.B. dass Rückflüge nach Europa von Kuala Lumpur aus Malaysia deutlich günstiger sein. So langsam entwickelt sich bei mir das "know how" für neuzeitliches Reisen. Buchungen über Internet tätigten die Franzosen überaus geschickt. In einem Portal fanden sie die passende Unterkunft, suchten

die Email-Adresse heraus und buchten direkt. Provision gespart! Das Gespräch mit dem Wissenschaftler war hochinteressant, er versprach sich in Vietnam Arbeit, war nach der Abspaltung seines Landes von Russland vermutlich arbeitslos geworden (würde auch erklären, warum ein so hochspezialisierter Mann in solch einer Unterkunft landet). Man konnte merken, dass er weit herumgekommen war in der Welt, auf vielen Kongressen etc. Er reflektierte präzise über Verkehrsprobleme, Flugzeugbau, das Verhalten von Flüssigtreibstoff in Raketen, über bemannte und unbemannte Raumfahrt, es vergingen anderthalb Stunden wie im Flug. Der Tag in Hanoi verlief wenig dramatisch. Nachdem ich wider Erwarten doch ganz gut geschlafen hatte, ging ich zu Fuß durch die Stadt. Das Überqueren der Straße war irgendwann doch kein Kunststück mehr. Wenn man die Vernunft abstellt, die Angst überwindet, sich einen kleinen Ruck gibt und einfach losgeht, ohne zu stoppen, dann passiert ein kleines Wunder. Wie von Geisterhand steuern die Zweiräder an einem vorbei. Offensichtlich sind alle Verkehrsteilnehmer hochgradig trainiert, die eigene Bewegung und die der anderen in unmittelbarer Nähe befindlichen zu koordinieren. Auch in Hanoi habe ich keine Zusammenstöße beobachten können. Das Gewimmel und Gewirr des Vortages entpuppte sich unter genauerer Wahrnehmung als eine Ansammlung durchaus netter, kleiner Geschäfte.

Kunsthandwerk, Galerien, jede Menge "Reiseagenturen", kleine Hotels, Imbiss-Restaurants, Geschäfte für den täglichen Bedarf... Das Verwirrende liegt wohl daran, dass alle Häuser eine mehr oder weniger gleich große Straßenfront haben. Von einer Frau aus Österreich erfuhr ich, dass früher nach der Breite der Straßenfront besteuert wurde, da baute man lieber schmal und hoch als breit und flach. Auch in ländlichen Gebieten ist die Bauweise die gleiche,

kaum nachvollziehbar, dass mitten in der Landschaft mit viel Platz drum herum ein sehr schmales Haus mit drei Etagen steht. Ich fand zum Lunch ein sehr gutes Restaurant, Shrimps mit Zitronengras, mein Eindruck vom Vortag war korrigiert. Auf einer Parkbank am Huan Kiem See (im Stadtzentrum) ließ ich meinen Hanoi-Besuch ausklingen. Diese Stadt ist etwas für junge Leute, die sich am Chaos erfreuen können, für mich etwas too much. Vom Reisebüro wurde ich mit einem kleineren Bus abgeholt, der sich im Feierabendverkehr durch die engen Gassen quälte. Nach und nach wurden andere Touristen aufgelesen, dann wechselten wir in den "Schlafbus". Der Bus war riesig, im Innern ca.30 Liegen, das Fußteil unter der jeweils vorderen Liege. Ich ergatterte eine der hintersten, konnte mich gut ausstrecken und hatte nicht die Füße des Nachbarn unter meinem Kopf. Die Fahrt ging über den berüchtigten Highway 1, Vietnams Hauptverkehrsader zwischen Hanoi und Saigon. Es war bereits dunkel, nur das Treiben in den Geschäften entlang der Straße war zu beobachten. Fahrt durch die Nacht...

Donnerstag, 19.11.2009
Bei Sonnenaufgang waren wir bereits ein gutes Stück südlich gekommen, der Highway zeigte sich bei Tageslicht: überwiegend eine einfache, 2-spurige Landstraße! Fast parallel dazu die schmalen Gleise der Eisenbahn, einspurig! Dieses Land  hat noch sehr viel an Entwicklung der Infrastruktur vor sich, kein Vergleich mit

China, mein Respekt vor den Chinesen wächst immer mehr. Zwischenstopp fürs Frühstück, viele essen eine Suppe. Da Nang präsentierte sich freundlich, trotz des Regens, überschaubarer Verkehr. Ein Motorrad-Taxi brachte mich zum Hotel. Ich hatte auf Nummer sicher gehen wollen und wählte ein Hotel mit gefühlten 7 Sternen und hatte Glück. Erst ein Vollbad, dann den laundry service (erhielt nach 3 Stunden meine Wäsche zurück!), dann ins Hotel-Restaurant (tuna mit der landestypischen Fischsoße "nuoc nam") dazu ein Bier und die Welt war wieder in Ordnung. Am Abend verbrachte ich einige Zeit im Internet, recherchierte Flugverbindungen und Hotels. Mein netbook erhält zunehmend nützliche Internetseiten, eine gute Hilfe.

Freitag, 20.11.2009
Nach dem vietnamesischen Frühstück, das dem chinesischem recht ähnlich ist, unternahm ich erstmalig eine mehrstündige Motorrad Tour mit Fahrer. Wir fuhren zu den

Marble Mountains, einer noch aktiven

70

Klosteranlage auf Karst-Bergen südlich von Danang.

Dann zum China Beach, da landeten die Amerikaner im Vietnamkrieg. Derzeit waren gerade riesengroßen Hotelkomplexe im Bau befindlich. In absehbarer Zeit kann man dort am südchinesischen Meer Urlaub machen. Ansonsten war der Strand und

das Hinterland stark mit Müll verunreinigt. In der Klosteranlage und am Strand waren viele Jugendgruppen unterwegs, vermutlich Schüler oder Studenten.

Überall ein freundliches "Hello". Sie wollten sich unbedingt mit mir photographieren lassen, wahrscheinlich weil ich weit mehr als

einen Kopf größer war. Vietnamesen sind wirklich extrem klein und wirken zerbrechlich. Nachmittags schlenderte ich durch Da Nang und kam zufällig an einer Schule vorbei.

71

Davor gab es zahlreiche kleine Stände mit Blumengebinden.

Ich fragte nach und erhielt die Antwort, es sei "Teacher´s Day", ein Tag, an dem den Lehrern für ihre Arbeit gedankt wurde, u.a. offensichtlich mit Blumen. Was für eine schicke Idee!!! Allerdings gab es am frühen Abend noch viele Blumen zu

kaufen... Abends Essen im Restaurant meines Hotels, noodles with seafood, auch die vietnamesische Küche hat Gutes zu bieten.

Samstag, 21.11.2009

Gerne wäre ich noch etwas länger in Da Nang geblieben, aber das Hotel in Hoi An hatte ich schon gebucht. An meinen Frühstückstisch gesellte sich diesmal ein amerikanisches Ehepaar, beide in etwas meine Altersgruppe. Später kam noch ein Freund hinzu, ein pensionierter Lehrer ebenfalls aus den USA, der eine Hilfsorganisation koordiniert zur Unterstützung von Schulkindern aus armen Familien. Wir unterhielten uns eine ganze Weile, bis ich aufbrechen musste, um noch meine Sachen zu packen und auszuchecken.

Schade, dass ich nicht mehr Zeit hatte, ich hätte noch viele Fragen gehabt. Der Fahrer vom Vortag brachte mich in das Reisebüro, von dem mich wiederum ein "Schlafbus" (wesentlich bequemere Liegen), aus Hanoi kommend, abholte. Dass ein einziger Reisender von einem Langstreckenbus abgeholt wird, erscheint mir irgendwie unlogisch, das Verkehrssystem verstehe ich noch nicht.

Es regnete und stürmte, allerdings bei verträglichen 20 Grad. Eine Stunde Fahrtzeit und Hoi An war erreicht, Haltestelle direkt vor meinem Hotel. Es erweckte den Eindruck, als handelte es sich um einen französischen Kolonialbau, der die beste Zeit schon lange hinter sich hat, dabei war es ein Neubau! Bei Regenwetter kann auch die exotischste Umgebung trist und langweilig werden, trotzdem war mein erster Eindruck von Hoi An durchaus positiv. Ein kleiner, ruhiger Ort mit in warmen Gelbtönen gehaltenen ein- bis zweistöckigen Häusern im Kolonialstil, ganz auf Tourismus ausgerichtet. In den drei Haupt- und Seitenstraßen viele kleine Restaurants, Galerien, Geschäfte für Kunsthandwerk, Souvenirs sowie Kleidung und Wäsche aus Seide. Aus jedem Geschäft der Ruf: "Hello, want to buy something?", sehr freundlich, nicht aufdringlich.

Mir fiel ein Restaurant auf mit dem Angebot eines Kochkurses, ich buchte für den nächsten Tag. Besser Kochen als bei Regenwetter am Strand laufen oder alte Ruinen   bestaunen.
Am Abend konnte ich dem Charme dieses kleinen Städtchens nicht mehr widerstehen. Die schönen Auslagen der kleinen Geschäfte, das warme Licht in vielen Restaurants, die Hausfassaden, die tropischen Pflanzen, der Duft von Räucherstäbchen sowie die angenehme Temperatur (es hatte aufgehört zu regnen) vermischten sich zu einem filigranen Bild. Es ist sicherlich der französische

Einfluss, der sich darin widerspiegelt. Einen Vorgeschmack auf den kommenden Tag bekam ich durch das Abendessen, Hühnchen im Tonkopf mit sehr feinen Zutaten und Gewürzen.

Sonntag, 22.11.2009
Der Kochkurs fing um 11:00 Uhr an. Nach und nach kamen die knapp 20 Teilnehmer, wir wurden mit einem Getränk begrüßt.
In drei kleinen Gruppen führte uns anschließend eine junge Frau über den berühmten Hoi An Markt. Fachkundig erklärte sie uns die verschiedene  n Lebensmittel. Reis, Nudeln, Soßen, Aromen, Getrocknetes, Obst, Gemüse, Fisch, häufig verweilten wir an den Ständen und waren beeindruckt von der ungeheuren Vielfalt des Angebots, wunderbar frische Ware. Mit einem schweren Holzboot wurden wir dann flussabwärts durch eine tropische Flusslandschaft zu einem Restaurant geschippert, in dem der eigentliche Kochkurs stattfand. Zum Auftakt noch ein Erfrischungsgetränk aus dem Saft tropischer

Früchte, dann ein Gang durch den vietnamesischen Kräutergarten: Zitronengras, Basilikum, eine Art Anis...

In einem offenen Pfahlhaus war für jede/n von

uns ein Kochplatz vorbereitet. Nachdem der Chefkoch eines der Gerichte erklärt und vorgeführt hatte, waren wir an der Reihe, es nach zu kochen. Seafood Salad with Vietnamese Herbs, Fresh Rice Paper Rolls of Shrimp, Hoi An Pancakes, Eggplant in Clay Pot und Food Dekoration. Zum Lunch durften wir

die Köstlichkeiten essen. Selten habe ich 14 € besser angelegt. Das Boot brachte uns nach 3 kurzweiligen Stunden wieder in die Stadt zurück. In Hamburg wird nach gekocht! Viele Grüße Hermann

Kon Tum/ Nha Trang

Montag, 23.11.2009
Eine gute Idee, den Abstecher ins Hinterland zu machen und den touristischen Trampelpfad zu verlassen.
Ich hatte diesmal einen Minibus gebucht von Hoi an nach Kon Tum im vietnamesischen Hochland nahe der Grenze zu Laos. Um 6:45 Uhr holte mich ein Motorrad-Taxi ab, auch als wir schon aus Hoi An

herausgefahren waren, fragte ich nicht weiter nach, wo denn der Minibus wäre. Der Fahrer fuhr einfach unentwegt, bis wir ans Meer kamen, und dann war mir klar, dass der Minibus von Da Nang aus losfahren würde (ca. 30 km entfernt). Ich überlegte noch kurz, ob ich Einspruch einlegen sollte, ergab mich dann aber in mein Schicksal. Die Sonne kam schon etwas heraus und so versprach es ein angenehmer Tag zu werden. Zum Busbahnhof mussten wir einmal durch die ganze Stadt, mir stockte mehrfach der Atem.
Im Minibus eine freudige Überraschung. Offensichtlich trifft man nicht nur auf Seereisen Menschen wieder, die man Tage

77

zuvor schon mal gesehen hat. Es waren wiederum junge Leute, Julia aus Österreich, Bobby aus USA mit nicht zu übersehendem indianischem Einschlag aus dem Bus von Hue nach Da Nang, nett die beiden.

Je weiter wir uns von Da Nang entfernten, desto weniger Verkehr war auf der Straße. Der Cai-Fluss begleitete unseren Weg durch die eindrucksvolle Gebirgslandschaft, durch die der Nachschub im Vietnamkrieg transportiert worden war. Wie man auf die

Idee kommen kann, diesen wundervollen, subtropischen Wald großflächig zu entlauben, ist heutzutage kaum nachvollziehba r. Der Hass, die Gier, die Gewinnsucht oder was sonst noch der Antrieb gewesen sein mag, es muss grenzenlos gewesen sein im Land der unbegrenzten Möglichkeiten. Vor Kon Tum öffnet sich eine Hochebene, die wiederum stark besiedelt ist, ein fruchtbares Land mit vielen Plantagen, u.a. Kaffee und Kautschuk. Vietnamesen trinken ihren Kaffee eiskalt, eine Art Espresso wird gebrüht, anschließend das Glas mit Eiswürfeln gefüllt und ordentlich geschüttelt. Über Internet konnte ich im Voraus kein Hotel buchen, die Stadt war nicht aufgelistet, zu wenig touristisch, sie hat allerdings auch nicht so sehr viel zu bieten, außer einem günstigen, schönen Hotelzimmer und sehr freundlichen Bewohnern. Ich entschied, gleich am Folgetag abzureisen, wieder zur Küste

Dienstag, 24.11.2009
Auf der Fahrt im Minibus saß ich gleich hinter dem Fahrer, hatte also guten Einblick in die Verkehrslage und Fahrweise. Bis auf einen Beinahe-Unfall ist nichts Schlimmes passiert. Auf einem ausklappbaren Display spielte eine Comedy-DVD, es wurde herzhaft gelacht.

In Quy Nhon verließ ich mich darauf, per Motorrad-Taxi eine passende Unterkunft zu finden und bekomme immer mehr ein Gefühl dafür, wie viel für ein gutes Hotelzimmer zu

bezahlen ist. Stadtrundfahrt, Shopping-Center, Restaurant, Ticket buchen nach Nha Trang.

Mittwoch, 25.11.2009
Im Minibus fuhren wir nur zu fünft, sehr angenehm. Troung stieg hinzu, ein Vietnamese, der seit langen Jahren in Australien sein Glück versuchte, nicht sonderlich erfolgreich wie es schien. Ich hatte viele Fragen und wir unterhielten uns fast die ganze Zeit während der vierstündigen Fahrt. Die Landschaft erinnerte mich stark an die kalifornische Küste, hohe Berge stürzen ins Meer, die Straße windet sich an ihnen entlang, die Gipfel zum Teil im Nebel verhüllt. Troung machte in seinem Heimatland Urlaub, gemeinsam nahmen wir vom Busbahnhof ein Taxi, gingen auf Hotelsuche.
Abends Spaziergang an der schönen Wasserfront bei immer noch gut 20 Grad. Dann plötzlich ein Geräusch, als schepperten alle Schachfiguren auf einmal vom Brett auf den Boden,  eine Motorroller-Fahrerin lag auf der Straße, ihr Roller daneben. Sie wurde durch den weiterhin fließenden, kaum stockenden

Verkehr auf den Bürgersteig geschleppt, nur eine leichte Fußverletzung, glimpflicher Ausgang. Es war überfällig, solch eine Szene zu sehen...

Der Himmel war zwar den ganzen Tag bedeckt, aber die Luft war angenehm warm. In leichter Sommerkleidung aßen wir in einem Strandlokal noch eine Kleinigkeit. Kein richtiges Sommergefühl, aber Urlaubs-Stimmung.

Donnerstag, 26.11.2009
Diesen Tag nutzte ich für die weitere Planung.

Ich las im Reiseführer, schaute mir die Landkarte an und beschloss, noch zwei weitere Tage in Nha Trang zu bleiben.

In einem Buchladen in Hoi An entdeckte ich ein Buch, dass bereits vor 35 Jahren in den USA ein Bestseller war und mich damals gefesselt hatte. "Zen and the Art of Motorcycle Maintenance" by Robert Pirsig. Für mich war es kein Buch wie viele andere, deren Story man nur schwer erinnert sobald man zwei, drei weitere Bücher gelesen hat. Es war irgendwann in meinem Bücherregal nicht mehr zu finden, irgendwer muss Ausleihe falsch verstanden haben, ich hatte es sehr vermisst. Der Autor untertitelt es mit "An Inquiry into Values". Es erzählt die Geschichte eines Mannes, der mit seinem 11-jährigem Sohn und einem befreundeten Ehepaar mit dem Motorrad im Westen der USA unterwegs ist. Abgesehen vom Zeitgeist (Anti-Krieg-Demonstrationen, Hippies, Psychedelic Drugs, Rockmusik, Women´s Lib, Gay-Lib etc.) wird darin eine Philosophie entwickelt, die vermutlich mit dazu geführt hat, dass ich meine derzeitige Reise mit der Bahn mache. Der Vater grenzt sich ab von seinem Motorrad-Freund, indem er die Wartung und Instandhaltung seines Motorrads nicht einer Werkstatt überlässt, sondern den Dingen auf den Grund geht und sie verstehen will. Was möglicherweise banal klingt, kann größte Auswirkungen haben. Es gibt in meinem Leben einige "Motorräder", für deren Erkundung ich Jahre, Jahrzehnte investiert habe. Das Segeln und die Lebensmittel gehören dabei zu den Objekten, die am meisten Entlohnung gebracht haben. Es macht einen riesigen Unterschied, ob man fast jedes Detail eines Bootes schon mal auseinander genommen und wieder zusammengesetzt hat oder ob man darauf vertraut, dass bis zum nächsten Hafen schon nichts passieren wird, das ist eine Frage der

Weltanschauung. Bei anderen Themen bemerkte ich leider viel zu spät, dass ich mich vergaloppiert hatte, ich kann mich so schwer trennen... Dieses Buch also erneut zu lesen, ist spannend. Bücher hier in Vietnam sind eigentlich Kopien, der Umschlag sieht zwar original aus, die Seiten sind aber kopiert und gebunden, daher der günstige Preis. Es gibt viele Straßenverkäufer, die mit einer Bücherkiste bepackt herumlaufen, oder Bücherstände, an dem man Bücher tauschen kann. Die Angst, irgendwann auf dem Trockenen zu sitzen, was das Lesen betrifft, muss hier niemand haben, sehr beruhigend. Ansonsten ein schöner Tag am Strand und auf dem Balkon, baden, lesen, ausruhen.

Freitag, 27.11.2009
Ausflug zu den vorgelagerten Inseln, im Transferbus zum nahegelegenen Hafen ca. 15 junge Touristen aus England, Australien, Frankreich (eine Dame in ihren 80-ern, putzmunter!) und

Deutschland (hurra, konnte endlich mal wieder Deutsch sprechen!). Ein schöner Sonnentag,

an dem ich mal wieder zu unvorsichtig war und unnötigerweise einen (leichten) Sonnenbrand kassierte. Frauke kam aus Süddeutschland, hatte für 800,- € Flüge gebucht: Frankfurt - Peking, Shanghai - Hanoi, Bangkok - Frankfurt. Die Jungs aus England: London - Bangkok - Hanoi und 14 Tage später zurück für 520,- Pfund. Wer könnte es ihnen verübeln. Die Welt ist einfach auf 48 Stunden Umfang zusammen geschrumpft. Anika, eine Frau aus Erfurt, hatte zwei Jahre als Projektleiterin den Bau zweier Krankenhäuser in Phnom Penh gemanagt, war nun mit ihrem australischen Freund unterwegs. Internationale Partnerschaften, nicht die geringste Hürde!

Volles Programm: Schnorcheln, Lunch an  Bord, Live-Musik (die jungen Seeleute waren wahrhaftig Allround-Talente) und eine Floating Bar (man sprang in die See, erhielt einen Schwimmring, paddelte zu einem Styropor Brett, auf dem ein Glas Wein bereit stand, der Skipper genehmigte sich ´ne ganze Menge!:), ein randvoller Tag mit netten Leuten!

Am Abend sah ich in einem Hotel den ersten Weihnachtsbaum, Weihnachtsstimmung bei mir in diesem Jahr noch Fehlanzeige.

Nha Trang/ Mui Ne

Samstag, 29.11.2009
Sonntag, 30.11.2009
Montag, 1.12.2009
Schon in Da Nang hätte ich eigentlich etwas länger bleiben wollen, nun sagte mir Nha Trang zu. Nicht unbedingt, dass es so umwerfend attraktiv ist, dass man sich nur schweren Herzens losreißen könnte, eher wollte ich ein Gefühl für  den vietnamesischen Alltag bekommen. Morgens frühstückte ich immer im selben Straßenlokal, abends im selben Restaurant. Die Bedienung freute sich jedes Mal. Vietnam macht es einem nicht so einfach, es lieb zu gewinnen. Wie in China muss man über Vieles hinwegsehen, vor allem Müll, Schutt und Unrat. Da liegt schon mal eine tote Ratte im Rinnstein oder in der Hotelhalle verläuft sich eine Maus. Anders als in China gibt es nicht so viel Imposantes zu bestaunen.

Dafür sind die Menschen kommunikativer und mindestens genauso nett. Selten wurde ich in China angesprochen, hier überall, freundlich, nicht aufdringlich. Da sind die StraßenverkäuferInnen, die in einem Karton Zigaretten, Getränke, Snacks, Postkarten, Bücher, Sonnenbrillen, Souvenirs, Schmuck, Obst etc. feilbieten. Bedrückend anrührend sind natürlich Bettler und Krüppel, Gott sei Dank selten zu sehen. Auf dem Weg vom Restaurant zum Hotel wurde ich abends regelmäßig von Motorrad-Taxifahrern angesprochen. Sie stehen meist an Kreuzungen oder fahren im Schritttempo durch die Straßen auf der Lauer nach Beute. Offensichtlich passte ich in ihr Schema: "You want lady, massa, massa, bum, bum, yumm, yumm?" Schon im Kochkurs in Hoi An wurden wir aufgeklärt. Mit "Yummy, yummy" kommentieren die Amerikaner ihr Entzücken über ein leckeres Essen bzw. die Vorfreude darauf. Mit "Yumm, Yumm" geben vietnamesische Geschlechtsgenossen Aufschluss über ihren Erregungszustand. Auf meine Zurückhaltung folgte meist ein weiterer Vorschlag: "Same, same lady, but different." Elton, der Chinese aus Singapur auf der Transsib, hatte auf diesen Fall vorbereitet, die Ladyboys, die einen mehrfachen genaueren Blick erfordern, um sie vom Original zu unterscheiden. Mit etwas Wehmut in Gedanken an wildere Zeiten und gleichzeitig mit einer gewissen Erleichterung setzte ich meinen Weg fort, das Alter hat ja nicht nur Nachteile. Im Fahrstuhl des Hotels ein Werbeplakat: Restaurant im 1. Stock, Bar im Dachgeschoss, Karaoke und Massage im Nebentrakt. Der Karaoke Raum war natürlich gähnend leer. Truong, der Vietnamese aus Australien, konnte mir erklären, dass Vietnamesen gerne mit Freunden dort ein, zwei Stunden verbringen, solch ein Raum wird stundenweise angemietet, wie bei uns die Kegelbahn. Gerne hätte ich natürlich einige meiner Lieblingssongs zum Besten gegeben... Die drei Sterne des Hauses hielt ich für seriös genug, um eine Massage zu probieren. In China gab es ganz reguläre, offen einsehbare Geschäftsräume mit verkürzten Liegesofas, auf denen die Kunden eine Fußmassage empfingen, der eine Fuß in der Hand des Masseurs, der andere auf einem Hocker ruhend. In Vietnam sieht man überall Schilder mit der Werbung für Spa und Massage, nur entscheiden muss man sich: Füße oder Body. Wenn schon, denn schon, body massage. Nach Dusche und Dampfbad (nicht vergleichbar mit unseren Einrichtungen) turnte dann ein graziles Federgewicht auf meinem Rücken herum und bearbeitete mit Händen, Ellenbogen und Knien meine Verspannungen. Wäre sie nicht ganz so mechanisch und hektisch vorgegangen, hätte ich die ganze Stunde (4,- €) durchgehalten. Schade, denn eine gute Massage zu einem solchen Preis, das wäre das i-Tüpfelchen. Ich hatte damals auf meiner Amerika-Reise im Esalen Institute einen Kurs belegt. Seitdem weiß ich, dass man zwischen sehr gut und exzellent noch eindeutig unterscheiden kann.

Überhaupt ist das Leben sehr preiswert. Morgens steckte ich mir immer 300.000 Dong (ca. 11,- €) in die Hosentasche und kam damit gut über die Runden, Kaffeetrinken, Abendessen und Taxifahrt inklusive. Das war ja auch ein Grund, weshalb es Anika aus Erfurt in Kambodscha so gut gefallen hatte. Ein eigenes Haus mit Palmen im Garten, eine Haushälterin, Firmenwagen mit Chauffeur (nicht nur für sie). Vom Plattenbau in den postkolonialen Luxus, was für eine Karriere, die Frau war schätzungsweise um die 30! Ich hatte aus Deutschland 500,- € in bar, 750,- US-Dollar in bar (500,- €) und 750,- € in US-Dollar (500,- €) in Travellerschecks mitgenommen, das Geld ist nach fünf Wochen immer noch nicht alle. Allerdings hatte ich in Moskau und China jeweils einen ATM-Geldautomaten ausprobiert, der Neugierde halber. Ich wollte wissen, ob ich auch auf diese Art mit der Visa Card problemlos an Geld kam, es klappte mit Hilfe von Angestellten. Travellerschecks sind im Grunde überflüssig, vorausgesetzt die Visa Card geht nicht verloren! Preis/Leistung dieser Reise stehen bislang in einem ausgezeichneten

Verhältnis.

Dienstag, 2.12.2009
Wieder einmal war frühes Aufstehen angesagt, Sachen packen, frühstücken. Im meinem Straßenlokal waren alle bereits um 6:15 Uhr fleißig mit den Vorbereitungen beschäftigt. Am Abend zuvor kam ich noch gegen 22:00 Uhr dort vorbei, es war immer noch Betrieb. Welch ein Arbeitstag für die jugendliche Bedienung und ihre Familie, und immer noch ein Lächeln, unvorstellbar wie sie diese langen Stunden scheinbar mühelose ertragen. Mir kamen meine Eltern in den Sinn, die in den Nachkriegsjahren ähnlich lange gearbeitet hatten...
Nachmittags öffnete sich die Bustür in Mui Ne und die Hitze schlug ins Gesicht. Auf der Suche nach einem Hotel vertraute ich wieder einem Taxifahrer, diesmal mit enttäuschendem Ergebnis, Abzocke.

Auch der zweite war nicht besser, wollte mich unbedingt in einem Bungalow-Resort unterbringen. Eigentlich  hatte ich mich darauf gefreut, einmal in einem

Strand-Bungalow unterzukommen. Dieser Traum hielt der Realität jedoch nicht stand, es muffelte nach Schimmel, die Fenster waren nicht zu öffnen, der Betrieb der Klimaanlage wäre zwingend erforderlich gewesen. Ohne Fenster und Frischluft kann ich aber nicht schlafen. Schließlich wurde ich dank des dritten Fahrers fündig.

Angenehm, dass es auch ein Booking-Office im Eingangsbereich gab. Wie einfach Dinge werden können, wenn man bloß mit Bedacht vorgeht und nicht aus Bequemlichkeit einknickt. Dort konnte ich zudem ein Motorrad mieten für den Rest des Tages, damit begab ich mich auf Erkundungstour.

An einem kilometerlangen Strand reihte sich ein Resort an das andere, viele davon mit 5 Sternen. Luxusurlaub schien auch viele Russen anzuziehen, schloss ich aus den

Speisekarten in russischer Sprache. Unterwegs kehrte ich zum Abendessen in einem Strandlokal ein, außer mir keine weiteren Gäste. Die Interim-Chefin kam zum Übersetzen, eine Vietnamesin aus Toronto, die hier ab und an mal im Betrieb eines Freundes nach dem Rechten schaut.

Die Palmen, der Strand, die milden 25 Grad, der süß-saure Fischeintopf, ein äußerst angenehmer Abend. Ansonsten würde man aber nicht viel verpassen. Zurück im Hotel buchte ich daher die Weiterfahrt nach Saigon und ein Hotelzimmer. Beim Warten auf die Bestätigung spürte ich

plötzlich, wie meine Schultern und mein Nacken von wundersam sanften und zugleich Druck ausübenden Händen bearbeitet wurden. Eines von sehr vielen Schildern mit dem Angebot an Massage hing auch hier aus. Diese Hände wussten, was sie taten. Da war Gegenwart, Achtsamkeit und solides Handwerk zu spüren, eine von mir hochgeschätzte Kombination von Eigenschaften. Absolut zufrieden brauchte ich nur noch die wenigen Schritte in mein Zimmer zu tun.

Saigon

Mittwoch, 2.12.2009 bis
Montag,7.12.2009
Fünf Tage Saigon. Die Stadt kündigte sich schon kilometerweit an durch Industrie-Komplexe, Verkehrsstau und Dunst. Wäre ich hier statt in Hanoi angekommen, wäre ich sicherlich auch sofort wieder abgereist, die Stadt hat ca.

10 Mio Einwohner, sicherlich haben 70% ein Motorrad. Aber nach 14 Tagen im Land war ich gut  vorbereitet. Die Straße überqueren, kein Problem mehr. Der Bus aus Mui Ne fuhr direkt bis ins Stadtzentrum, mein Hotel lag in unmittelbarer Nähe.

Am Frühstückstisch saßen immer wieder unterschiedliche Leute, darunter Leo aus New York. Er ist in karitativer Mission unterwegs. Seine Kirchengemeinde hatte ihm die ehrenamtliche Tätigkeit in einem Waisenhaus in Hue vermittelt, er wollte sich engagieren. Offensichtlich gibt es einige Amerikaner, die eine aktive Form der Wiedergutmachung gefunden haben. Auch noch am Tisch, Ben aus England. Seine Rundreise, ausschließlich per Flugzeug, ging von Bangkok nach Hanoi nach Hue nach Saigon nach Phnom Phen nach Bangkok. 14 Tage Zeit, alle zwei, drei Tage Ortswechsel, dazu die beiden Langstreckenflüge ab bis London. "I didn´t see anything, made a mistake." Gute späte Einsicht!

An Sehenswürdigkeiten hat Saigon nicht sehr viel zu bieten, den Independent Palast, ehemaliger Sitz der Präsidenten, fand ich am interessantesten, vor allem die Photo-Ausstellung im Kellergeschoss. Ein Stück Geschichte wurde nachvollziehbar, das Photo von dem amerikanischen Hubschrauber, der noch im allerletzten Moment - vom Dach aus startend - die Stadt verlassen konnte. An das Bild konnte ich mich erinnern.

Viele Amerikaner unter den Besuchern. Das Kriegsmuseum mochte ich nicht besuchen, ebenso wenig die Cu Chi Tunnel, durch die die Viet Cong den Nachschub transportiert hatten.

Ich hielt mich an das altbewährte Konzept, raus aus dem Touristenbezirk, rein in einzelne Stadtteile. Von dort ging ich in Ruhe wieder zum Hotel zurück. Am eindrucksvollsten: der Verkehr. Natürlich überwiegen die Motorräder, dazwischen aber bereits einige Autos (meistens von der großen Sorte), Taxis, LKWs, wenige Fahrräder, Rikschas. Glücklicherweise sind die Krafträder gut schallgedämpft, sie rollen nur sanft brummend durch die Straßen, kein Geknatter. Überhaupt ist der Verkehr recht fließend, kein hektisches Beschleunigen, kein abruptes Bremsen. Jede/r vertraut den Fahrkünsten der anderen zig Tausend. Ein ängstliches Zögern, Stoppen und Hadern hätte fatale Folgen. Achtsamkeit und Reaktionsvermögen sind unumgänglich, durch den Verkehr ist man unbewusst in engem Kontakt, der Schutz ist gering, das Risiko und die Abhängigkeit sind hoch, das Motorrad eint. Autos wirken wie Fremdkörper und verursachen häufig Staus in den viel zu

kleinen Straßen. Dann muss der Bürgersteig herhalten, über den ohne Zögern ausgewichen wird. Wünsche nach einem Auto werden allerdings überall geweckt, die deutschen

Nobelmarken ganz vorne mit dabei. Irgendwo las ich am Eingangstor eines Parks: ´Vietnam, The Hinden Charme´. Für mich passt das irgendwie sehr treffend auf die Menschen. Sie wirken gelassen und freundlich trotz eines schwierigen Alltags. Die geringen Verdienstmöglichkeit so vieler Kleinst-Gewerbetreibender rührt an. Was mag die Tageseinnahme sein einer Straßen-Verkäuferin, die lediglich ein paar Postkarten, Lose und andere Pfennig-Artikel anbietet.
Die Menschen scheinen Muße zu haben, viele sitzen in einem Geschäft und warten

auf Kundschaft. Die meisten scheinen sich mit bescheidenen Verhältnissen abzufinden. Übertriebene Eitelkeit habe nirgends wahrgenommen, ebenso wenig moralische Überlagerung. Mit großer Selbstverständlichkeit spielt sich das Leben in der Straße ab, man isst, ruht sich aus, schläft, spielt, wartet... Die Menschen wirken "down to earth", sehr angenehm.
Erwähnenswert vielleicht noch das Gespräch mit einem Mönch. Auf der

gegenüberliegenden Straßenseite meines Hotels streckte sich ein kleiner Park, den ich auf dem Heimweg durchquerte und in dem ich noch auf einer Bank bei milden tropischen Temperaturen den Abend genoss.

Ein Mönch in Begleitung zweier Freunde sprach mich an, alle drei hatten den Auftrag ihres Englischlehrers, im Gespräch mit Touristen die Sprache zu üben und mit einem Photo den Kontakt zu dokumentieren. Natürlich erfragte ich die Lebensumstände. Der junge Mann war 19 Jahre alt, vor zwei Jahren ins "Kloster" gegangen mit der Absicht, noch weitere zwei Jahre dort zu bleiben. Er wohnte mit anderen Mönchen in einer der zahlreichen Pagoden der Stadt. Tagesablauf; 4:00 Uhr bis 5:00 Uhr Zen-Meditation (sitzen in Stille), gemeinsames Beten, Frühstück... 9:00 Uhr bis 17:00 Uhr Ausbildung in einer

"Schule" (Englisch, Web-Design...), gemeinsames Gebet, gemeinsame häusliche Pflichten (putzen, aufräumen...), Hausarbeiten, Abendmeditation. Während wir sprachen kamen mehrfach Menschen an uns vorbei, die auf ihrem Weg innehielten, die Hände in Brusthöhe flach aneinander legten und sich mit dem Oberkörper verbeugten, eine Geste des Respekts und der Dankbarkeit.

Mönche sah ich vielfach in Pagoden und Tempeln als Fürsprecher und Helfer neben den Gläubigen, die vor meist bunt geschmückten Altären beteten oder eine Opfergabe (Früchte, Räucherstäbchen, Vögel, die aus  einem Käfig freigelassen wurden...) darboten. Eine Bettlerin stand vor uns, ich zögerte, er gab ihr ein Almosen, Religion ganz ohne Pomp und Mission, gelebte Frömmigkeit, schlicht und alltagstauglich ...

Mit Saigon - offiziell Ho Chi Mich City, HCMC genannt - war mein angepeiltes Ziel dieser Reise erreicht. Ich buchte für den 17.12. einen Flug von Bangkok nach Hamburg und begab mich auf die Rückreise per Minibus nach Chau Doc. Von dort geht es in den nächsten

Tagen weiter nach Phnom Penh in Kambodscha, dann weiter zur Küste, an der entlang nach Thailand und Bangkok. Viele Grüße Hermann

Mekong

Montag, 7.12.2009
Nachmittags erreichte der Minibus nach 8 Stunden Fahrt Chau Doc. Hotelsuche, Stadtrundgang, Buchen der Bootsverbindung nach Phnom Penh. Die Stadt ist wenig touristisch, viel ruhiger als Saigon, der Menschenschlag erkennbar anders. Die Geschäfte schlossen bereits sehr früh (ca. 21:00 Uhr), Rikscha-Fahrer bieten noch ihre Dienste an.

Das Fahrzeug besteht aus Fahrrad mit Anhänger, auf dem Personen und Lasten transportiert werden. Ich kam mit Cam ins Gespräch, einem der wenigen Leute im Ort mit Englischkenntnissen. Er hatte "studiert" und beim Staat eine Position bekleidet, fühlte sich damit aber nicht glücklich und wechselte zum Fuhrunternehmer. Ob er damit genug Geld verdiente, wollte ich wissen. Manchmal reiche es, manchmal auch nicht. Ihm war es wichtiger, frei über seine Zeit verfügen zu können. "Wenn ich fahren will, dann fahre ich, wenn ich essen will, ruhen, schlafen, feiern..., dann mache ich das ohne jemanden fragen zu müssen", eine glaubhafte Antwort, ein zufriedener Mann. Nach Kranken-, Renten-, Pflege-, Erwerbslosen-, Berufsunfähigkeit-, Kapitallebens-, Hausrat-, Haftpflicht- und Krankenhaustagesgeldversicherung fragte ich nicht. Seine Zähne sprachen schon Bände...

Für die Nacht spannte ich mein Moskitonetz auf, es war noch deutlich wärmer und schwüler als in Saigon, im Mekong Delta und in Kambodscha besteht Malaria-Gefahr. Verhindern konnte ich trotzdem nicht, dass ich von Mücken gestochen wurde.

Dienstag, 8.12.2009
Schöner Reisetag. Ich hatte das "Slow boat." nach Cambodia gewählt, wollte den Tag auf dem Mekong verbringen.

Früh morgens ein kurzer Transfer in ein benachbartes Hotel. Dort warteten bereits viele

"Traveljoungsters" auf die gemeinsame Abfahrt. Darunter war eine große Gruppe von 18 girls im Alter von 15-16 Jahren aus

Australien mit ihrer Begleitung. Sie kamen alle von einer Schule aus Melbourne, hatten diesen Trip als Schulprojekt mit der Unterstützung durch eine gemeinnützige, britische Organisation (world-challenge.uk) von der allerersten Planung bis zur eigentlichen Reise in Eigenregie durchgeführt. Wichtigstes Merkmal:

Landeskunde und soziales Engagement, aber auch etwas Urlaub und sightseeing. So werden die jungen Damen eine Woche lang in einem Waisenhaus bei Siem Reap ihren Dienst tun, Konfrontation mit der wirklichen Wirklichkeit. World-challenge schickt auf diese Weise jungen Menschen in Länder der dritten Welt, ganz hautnahe Völkerverständigung. Man kann sich vorstellen, wie gründlich so etwas vorbereitet, wie viel Engagement von allen geleistet, wie hoch die Identifikation mit ihrer Schule sein muss, ein richtig tolles Projekt. Reiseplanung: wie viel "Arbeit" wie viel "Freizeit", die Route, die Transporte, Spenden sammeln für das Waisenhaus etc. und das alles Gruppen verträglich, sinnvoller kann man nicht lernen.

Auch mit dabei, vier junge Frauen aus England. Sie waren von Saigon aus mit einem Boot gestartet, bislang schon drei Tage unterwegs. Susans Vater war in Bielefeld (meine Heimatstadt, die Welt ist wirklich klein) und Hannover stationiert, lebte fast sieben Jahre in Deutschland. Ich machte ihr ein schlechtes Gewissen, dass sie so wenig Deutsch gelernt hatte, wir lachten! Und dann noch Markus aus München, 24 Jahre, hatte gerade das Abi auf dem 2. Bildungsweg geschafft. Er arbeitete vorher in einem großen Dax-Unternehmen, hatte gespart und leistete sich nun eine Auszeit von 6

Monaten. Er kalkulierte mit 1000,- € pro Monat, mehr als ausreichend. Ich habe viel Respekt vor Leuten, die im 2. Anlauf noch das Abitur oder ein Studium nachholen. Durch die Arbeitswelt sind sie so unverkrampft realistisch, weltfremdem Idealismus hängen sie nicht nach. Allerdings fehlen ihnen manchmal Visionen. Schließlich noch ein holländisches Ehepaar in ihren 50ern.

Mit dem Boot ging es bis zur kambodschanischen Grenze, immer wieder schöne Einblicke in die Lebensweise der Vietnamesen am Flussufer. Sehr bescheidene Behausung,

gelassener Lebensrhythmus, unbeschwert spielende, winkende und nackt badende Kinder, frei laufende Hühner und Schweine, viele Wasserbüffel und Kühe.

Die Zollstation in Kambodscha war die bislang schönste, gepflegte Anlage, kein Gedränge (außer uns waren keine weiteren Grenzgänger dort), kurze Formalitäten. Für weitere drei Stunden auf der kambodschanischen Seite. Unterschiede wurden bald deutlich, dünnere Besiedelung, weniger Müll. Die letzten ca. 50 km sollten mit dem Bus zurückgelegt werden. Unser Boot machte fest, es dauerte eine Weile bis alle prall gepackten Rucksäcke der jungen australischen Damen über einen kleinen, wackeligen Holzsteg an Land gebracht werden konnten, eine Kette löste das Problem. Im Innenhof des Gebäudes warteten nun ein Auto und zwei Kleinbusse auf 31 Touristen mit entsprechendem Gepäck! Für die kambodschanischen Fahrer kein sonderliches Problem. Erst nahmen die vier vollschlanken Engländerinnen und Markus in dem Auto Platz, sie konnten losfahren. Anschließend verstauten die Fahrer nach und nach das Gepäck, ich konnte nur staunen. Schließlich waren alle untergekommen, bis auf das holländische Ehepaar. Sie waren mit Fahrrädern der Marke "Edelausrüstung" unterwegs und hatten kein Verständnis dafür, dass diese teuren Luxusräder mit einfachen Stricken auf dem Dach der Kleinbusse befestigt werden sollten. An ihrer Stelle hätte ich meinem Ärger mehr Luft gemacht. Sie bestanden darauf, zumindest die Sondergebühr von 12 US-Dollar rückerstattet zu bekommen, hektisches Telefonieren. Ich fragte mich, wo in den randvoll besetzten und bepackten Kleinbussen für die beiden noch Platz gewesen wäre. Nach langer Zeit des Abwarten und Diskutieren (der Holländer versperrte verständlicherweise mit seinem Fahrrad die Ausfahrt, sein letztes Unterpfand) ergriff ich die Initiative und gab ihnen den Betrag in der Hoffnung, das Geld mit den anderen zu teilen. Sie ließen uns fahren. Mit zwei Stunden Verspätung kamen wir in Phnom Penh an, im Hotel der Gruppe war noch ein schönes Zimmer verfügbar, ich bekam etwas Geld von den anderen zurück, passables Essen, eine ruhige, angenehme Nacht.

Phnom Phen Sihanoukville

Mittwoch, 9.12.2009

Spannend herauszufinden, wie sich Phnom Phen von Saigon unterschied. Die Bauweise fiel mir auf, nicht mehr nur schmal und hoch, überwiegend breit, auch 2- bis 4-stöckig. Weniger Menschen, 1,3 Mio statt über 10 Mio, deutlich weniger Müll, mehr Autos, weniger Motorräder, weniger Massagesalons, mehr dental clinics... Warum das Land noch als Entwicklungsland gilt, ist in Phnom Phen kaum nachvollziehbar. Aus meinem Reiseführer hatte ich mit deutlich schlichteren Verhältnissen gerechnet als in Vietnam, das Gegenteil scheint mir eher zuzutreffen. Saubere Parkanlagen, der erste Supermarkt seit China mit

"westlichem" Standard, technische Ausrüstung

auf gutem Niveau, dicke Autos, Wohlstandsbäuche... Na ja, nach einem Tag kann mein Eindruck nur oberflächlich sein. Abends wird hier eher dicht gemacht in den Häusern, Türen und Tore werden geschlossen. Das erzeugte in mir doch etwas Unbehagen, ähnlich wie in Moskau. Entlegenere Straßen würde ich hier nachts nicht gehen wollen.

Sehenswert ist der Königspalast mit der dazugehörenden Silberpagode, eine Anlage, die man durchaus mit der Verbotenen Stadt in Peking vergleichen kann, auch wenn sie wesentlich

kleiner ist. Die Schönheit und Anordnung der Gebäude, Pagoden, Stupas Skulpturen, Pflanzen ist ebenso überwältigend.

Donnerstag,10.12.2009
Fahrt nach Sihanoukville an der Küste. Eigentlich ist die Tempelanlage von Angkor ein Muss auf einer Kambodschareise. Mein Bedarf an Sightseeing ist allerdings schon seit einiger Zeit gedeckt, mir ist klar geworden, dass jedes der Länder, durch die gefahren

bin, eigentlich eine eigene Reise (China sicherlich auch mehrere) rechtfertigen würde.

Bei mir hat schon jetzt ein Prozess des Nachklingens eingesetzt, ich begreife mich auf der Rückfahrt, nur noch auslaufen, in Bangkok eintrudeln und zurückfliegen. Meine Mutter hatte ein ausgeprägtes Interesse an Königshäusern, das weder mein Vater noch meine Geschwister teilen konnten und von uns gelegentlich - wohlwollend - belächelt wurde. Auch die kambodschanische Königsfamilie Sihanouk stand oben auf ihrer Beobachtungsliste, so meine Erinnerung. Ich denke das rührte wohl von schönen Erinnerungen aus ihren Kindertagen, als der Geburtstag von Kaiser Wilhelm II besonders gefeiert wurde. Sihanoukville ist eine Hafenstadt mit einigen schönen Stränden, vielen Resorts, Hotelanlagen, Guesthouses,

Restaurants, touristischem Angebot. Schilder auf Baugrundstücken deuten darauf hin, dass noch einiges in der Pipeline steckt. Schon seit ich in Hamburg die Wohnungstür hinter mir zugezogen hatte, war mir klar, dass ich irgendwann irgendetwas liegenlassen oder vergessen würde. Für mich ist es ein Wunder, dass dieses Ereignis erst jetzt in der allerletzten Woche eintrat. Beim Einchecken im Hotel suchte ich vergeblich nach meinem Pass, er war noch in Phnom Phen. Natürlich war ich stocksauer auf die dortige Crew, hätten sie nicht wissen können, dass ich vergesslich bin?! Grundsätzlich haben bei mir immer die anderen Schuld! Mir selbst gegenüber bin ich nachsichtig. Ich hoffe, dass der Pass per Busfahrer nachgeschickt wird, falls nicht??? Müsste ich dann hier bleiben? Wäre das eine schlechte Aussicht? Könnte mich an die Tropen gewöhnen? An die entspannte Atmosphäre, die netten Menschen, die günstigen Lebenshaltungskosten? Der Schalk sitzt mir im Nacken, habe schon eine gewisse Vorfreude auf Hamburg, auf Euch, meine Wohnung, das Boot...

Koh Chang

Freitag,11.12.2009
Am Nachmittag erhielt ich meinen Pass nicht zurück. Ich hatte tags zuvor am Busterminal einen vertrauenswürdigen Mitarbeiter angesprochen, der mit dem Guesthouse in

Phnom Phen Kontakt aufgenommen hatte und dem versichert wurde, dass man den Pass per Bus losschicken wollte. Der Anruf in Phnom Phen brachte Klarheit: "We were too busy!" Service nicht unbedingt die Stärke der Kambodschaner. Ich wurde auf den nächsten Tag vertröstet. Viel Zeit also zum Baden und Lesen. Die See hat hier kaum Gezeitenunterschiede, das Wasser schätzungsweise 24 Grad.

Das Motorcycle Buch konnte ich zu Ende lesen, es war nicht mehr so spannend wie damals. Mir war nicht klar, dass es sich um einen autobiographischen Hintergrund handelte, der diesem Buch zu Grunde liegt. Trotzdem gehört es nach wie vor in meine persönliche top ten Liste. Vater und Sohn gelangen nach langer Fahrt, das befreundete Ehepaar schon längst auf der Rückreise, an die kalifornische Küste nahe San Francisco. Das Wetter verschlechtert sich, kühl und regnerisch. Chris, der 11-jährige, mag nicht mehr weiter, mag aber auch nicht mit dem Bus zurück. Es kam der Punkt jenseits von Planung, Logik, Vernunft oder Ziel. Der Vater konfrontiert den Trotz des Jungen, liebevoll, jedoch bis zur letzten Konsequenz, einer möglichen Trennung. Die beiden durchleben die Zerreißprobe und finden wieder zusammen als zwei eigenständige Individuen. Kein Gepamper mehr, stattdessen befreiende

Eigenverantwortlichkeit. Schön der Dialog am Schluss:

Chris: ´Can I have a motorcycle when I get old enough?´
´If you take care of it.´
´What do you have to do?´
´Lot´s of things. You´ve been watching me.´
´Will you show me all of them?´
´Sure.´
´Is it hard?´
´Not if you have the right attitudes. It´s having the right attitudes that´s hard.´
´Oh.´
After a while:´Dad?´
´What?´
´Will I have the right attitude?´
´I don´t think that will be any problem at all.´
Geglückte Vater Sohn Beziehung!

Samstag,12.12.2009
Am Nachmittag konnte ich meinen Pass wieder in den Händen halten. Ich buchte das Busticket nach Thailand, quasi eine direkte Verbindung auf die Insel Koh Chang.

Sonntag,13.12.2009

Busfahrt, wieder mit vielen Touristen, nach Thailand. Als jemand, der noch nicht einmal zwei Monate unterwegs ist, war ich definitiv Außenseiter. Wir wunderten uns, dass es mehrere Pausen gab, dazu noch die Grenzkontrolle, es zog sich. Im Lonely Planet war zu lesen, dass die Fuhrunternehmen das Fahrziel gerne einige Stunden später erreichen als ursprünglich vorgesehen, bevorzugt nach Einbruch der Dunkelheit. Dann sind die Fahrgäste froh über die angebotenen Unterkünfte und suchen nicht mehr nach Alternativen. Die Dreistigkeit, mit der verschleppt wurde auf thailändischer Seite, war bemerkenswert. Wir kamen kurz vor Sonnenuntergang an der Fähre an, die Fahrt mit dem Schiff hätte noch 1,5 Stunden gedauert, die vorgeschlagene Unterkunft wäre die teuerste auf meiner bisherigen Reise gewesen. Da ich mich nur ungern verschaukeln lasse, verzichtete ich auf das letzte bezahlte Stück dieser Tour, nahm ein Taxi, fuhr zurück nach Trat, Zentrum der gleichnamigen Provinz im Südosten Thailands. Ordentliches Hotel zu vernünftigem Preis.

Montag,14.12.2009
Kurz entschlossen mietete ich einen Motorroller,
fuhr damit zur Fähre, setzte über und erkundete die Ostseite der Insel Koh Chang, ohne Zweifel die  bislang schönste Küste, Südseefeeling. Ganz im Süden ein Charterstützpunkt von Sunsail, eines der weltweit größten Charterunternehmen.

Rückreise, letzter Eintrag

Dienstag, 15.12.2009
Fahrt nach Bangkok, der Bus war fast leer. Beim Aussteigen sprachen mich ein Franzose

und eine Amerikanerin an, ob wir uns ein Taxi teilen sollten. Gerne. Wir fuhren ins Touristenzentrum der Stadt. Bei 34 Grad mochte ich nicht lange suchen, fand ein bescheidenes Guesthouse, für zwei Nächte musste das reichen. In diesem Bezirk verschmelzen Einheimische und Touristen zu einer besonderen Symbiose, die einen bieten Thailändisches nach westlicher Art, die anderen geben sich als Weltenbummler. Wer hier als Mann "in" sein will, braucht langes Haupthaar, entweder als Dutt gebunden oder Rasta-Locken, großflächige Tattoos, Piercings, diversen Schmuck, einen Wickelrock und jede Menge coolness.

Mittwoch,16.12.2009
Vietnamesen können in Bangkok jetzt schon sehen, was auf sie zukommt, wenn sich das Verhältnis von Autos zu

Motorrädern umkehrt, Dauerstau. Es war kein
sonderliches Vergnügen, hier mit dem Fahrrad
unterwegs zu sein. Trotzdem mietete ich mir
eins für den letzten Tag der Reise, das beste
Fahrrad, das ich je gefahren bin, extrem leicht
und leichtgängig.

Beeindruckend ist diese Metropole auf jeden
Fall, min. 6,5 Mio. Menschen! Tempelanlagen,
sog. Wats, überall. Unzählige Garküchen und
kleine Restaurants. Das Angebot an Textilien
und anderen Gütern überbordend.
In Bangkok gab es nach langer Zeit wieder
einen "richtigen" Kaffee, und am Zebrastreifen
hielt tatsächlich mal ein Auto an!

Donnerstag,17.12.2009
Rückflug nach Deutschland. Bye, bye Asia!
Ich hatte einen Fensterplatz gewünscht und
bekommen. Bei gutem Wetter und

ausreichender Sicht war viel zu sehen von den Gebieten, die der Airbus 330 überflog. Myanmar, Bangladesh, das Himalaya Gebirge, die Berge Pakistans und Afghanistans und das Kaspische Meer. Danach verdichteten sich die Wolken und bildeten eine Decke, deren Struktur mich an die See erinnerte. Der Flug dauerte zwölf Stunden und so verbrachte ich lange Zeit damit, aus dem Fenster zu schauen. Wie schön die Erde ist von ganz weit oben gesehen! Ein ruhiger Flug, sehr angenehm. Umsteigen in München, Anschlussflug, allerbestes Hamburger Schmuddelwetter mit feuchter Kälte und Schneetreiben, im Bus lauter eingemummte, schweigende Menschen mit verhärmten Gesichtern, ernüchterndes Ende dieser wunderbaren Reise.

Nachwort

Gut drei Jahre nach dieser Reise und den Erfahrungen weiterer Reisen nach Asien, in die Karibik und nach Indien habe ich eingesehen, dass meine Vorstellungen bezüglich einer ökologisch vertretbaren Form zu reisen vollkommen weltfremd waren. In den Nachrichten war vor Kurzen zu hören, dass in 2013 über drei Milliarden Menschen mit einem Flugzeug transportiert wurden. Sicherlich werden die Vielflieger die absolute Zahl der Menschen unter die Milliardengrenze drücken (wäre interessant zu wissen). Im gleichen Zeitraum produzierten die drei größten Autobauer Toyota, VW und GM über 30 Millionen Fahrzeuge. Und die Prognosen für weiteres Wachstum dieser Industrien, z.B. die Bestellungen bei Airbus oder Boeing, lassen bei mir keinen Zweifel darüber, wie sich die Umwelt entwickeln wird. Leute fliegen um die ganze Welt, nur um an einer Diskussion teilzunehmen oder einmal auf dem catwalk zu laufen. Wer wollte es ihnen verübeln?!

Die Menschheit rast in Zustände hinein, die einem Angst und Bange machen können. Aber nicht nur aus ökologischen, auch aus politischen, sozialen und religiösen Gründen wird die Devise der Zukunft möglicherweise lauten: ´Anschnallen bitte, es könnten Turbulenzen zu erwarten sein!´

Wird die Weltbevölkerung noch in dem gleichen Maße wachsen wie in den letzten Jahrzehnten? Wie lange wird sich der materiell reiche Westen gegen Armut und Überbevölkerung noch abschotten können? Wie werden sich Menschen verhalten wenn lebenswichtige Ressourcen zur Neige gehen? Wie werden unvermeidbare religiöse Konflikte zwischen den einzig ´Rechtgläubigen´, den Muslimen und der restlichen Menschheit, den ´Ungläubigen´ gelöst?

Jeder, der sich mit offenen Augen und wachen Sinnen die Welt anschaut, wird unweigerlich mit diesen Fragen konfrontiert. Es bleibt zu hoffen, dass kreative Köpfe und mutige Menschen diesen Gefahren trotzen können. Das Internet ist der Beweis dafür, dass revolutionäre Entwicklungen möglich sind, die die gesamte Welt verändern können. Zu wünschen wäre, dass sie uns erhalten blieben, die Schönheit und der Reichtum unserer unfassbaren Welt.

Empfehlenswerte Bücher

Andreas Altmann	Der Preis der Leichtigkeit
	Eine Reise durch Thailand, Kambodscha und Vietnam
	Frederking & Thaler
Andreas Altmann	Triffst du Buddha, töte ihn
	Ein Selbstversuch
	Dumont
Andreas Altmann	Sucht nach Leben
	Geschichten von unterwegs
	Dumont
Robert Pirsig	Zen and the Art of Motorcycle Maintenance
Khushwant Singh	Train To Pakistan
	Penguin Books
Roger Willemsen Ralf Tooten	Bangkok Noir
	S.Fischer Verlag

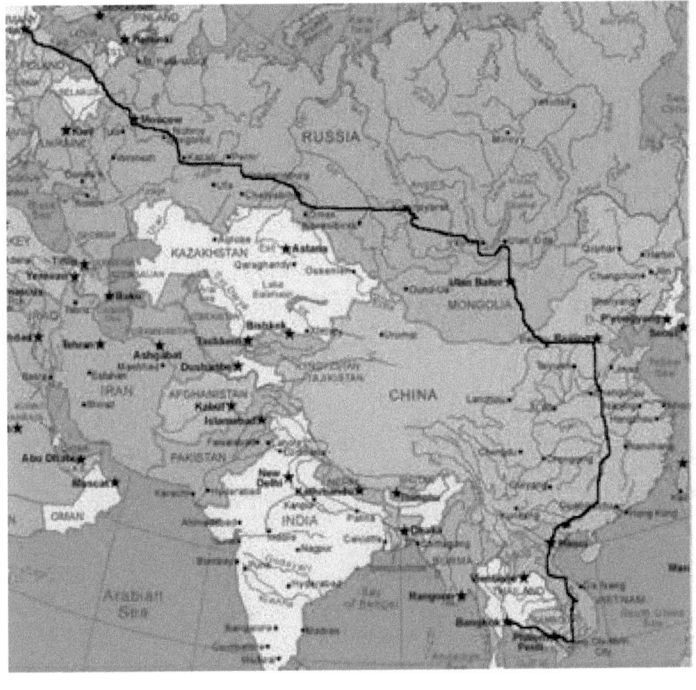